KB
금융그룹

| 필기 전형 |

www.goseowon.co.kr

PREFACE

우리나라 기업들은 1960년대 이후 현재까지 비약적인 발전을 이루었다. 이렇게 급속한 성장을 이룰 수 있었던 배경에는 우리나라 국민들의 근면성 및 도전정신이 있었다. 그러나 빠르게 변화하는 세계 경제의 환경에 적응하기 위해서는 근면성과 도전정신 이외에 또 다른 성장 요인이 필요하다.

한국기업들이 지속가능한 성장을 하기 위해서는 혁신적인 제품 및 서비스 개발, 선도 기술을 위한 R&D, 새로운 비즈니스 모델 개발, 효율적인 기업의 합병·인수, 신사업 진출 및 새로운 시장 개발 등 다양한 대안을 구축해 볼 수 있다. 하지만, 이러한 대안들 역시 훌륭한 인적자원을 바탕으로 할 때에 가능하다. 최근으로 올수록 기업체들은 자신의 기업에 적합한 인재를 선발하기 위해 기존의 학벌 위주의 채용을 탈피하고 기업 고유의 인·적성검사 제도를 도입하고 있는 추세이다.

KB금융그룹에서도 업무에 필요한 역량 및 책임감과 적응력 등을 구비한 인재를 선발하기 위하여 고유의 필기전형을 치르고 있다. 본서는 KB금융그룹 채용대비를 위한 필독서로 KB금융그룹 필기전형의 출제경향을 철저히 분석하여 응시자들이 보다 쉽게 시험유형을 파악하고 효율적으로 대비할 수 있도록 구성하였다.

신념을 가지고 도전하는 사람은 반드시 그 꿈을 이룰 수 있습니다. 처음에 품은 신념과 열정이 취업 성공의 그 날까지 빛바래지 않도록 서원각이 수험생 여러분을 응원합니다.

STRUCTURE

출제예상문제

적중률 높은 영역별 출제예상문제를 상세하고 꼼꼼한 해설과 함께 수록하여 학습효율을 확실하게 높였습니다.

인성검사, 관련상식 및 면접

성공취업을 위한 인성검사, 관련상식 및 주요 금융권 면접기출을 수록하여 취업의 마무리까지 깔끔하게 책임집니다.

CONTENTS

KB금융그룹 소개

KB금융그룹의 회사 및 채용 정보를 수록하여 서류와 면접에
대비할 수 있도록 하였습니다.

KB금융그룹 소개

- - - - -

그룹소개 및 채용정보

1 KB금융그룹 소개

"GLOBAL FINANCIAL GROUP KB"

KB금융그룹은 국내 최대 고객 기반 및 지점망을 갖춘 종합금융그룹으로서 KB금융지주 산하에 KB국민은행, KB손해보험, 현대증권, KB국민카드, KB투자증권, KB생명보험, KB자산운용, KB캐피탈, KB저축은행, KB부동산신탁, KB인베스트먼트, KB신용정보, KB데이타시스템을 계열사로 두고 있다.

KB금융그룹은 금융산업의 글로벌 가속화, 전통적 은행업무의 수익성 감소, 자본시장 통합법 도입에 따른 자본시장 확대, 종합금융 서비스에 대한 니즈 증대 등 금융환경 변화에 대응하고자 하는 전사적 중장기 발전 전략에 따라 2008년 9월 29일 주요 계열사 주식의 포괄적인 이전 방식으로 ㈜KB금융지주를 설립하였다.

KB금융그룹은 그룹 인프라 구축을 기반으로 그룹 성장기반 공고화, 종합금융체제 역량 강화, 미래 성장 분야 전략적 육성 등의 전략으로 한국 금융산업의 발전에 기여할 것이다.

KB금융그룹은 막강한 자본력, 대규모 영업점 네트워크, 탄탄한 영업력ㆍ브랜드 파워, 오랜 경험으로 쌓인 내부통제ㆍ리스크 관리 능력, 차별화된 온라인 채널, 경영이념의 최우선인 고객기반ㆍ고객만족도라는 차별화된 요소로 타 금융그룹과 다른 막강한 경쟁력을 가지고 있다.

2 비전&전략

KB금융그룹은 아시아 금융을 선도하는 GLOBAL 금융그룹이라는 비전 아래 ASIA TOP 10, GLOBAL TOP 50으로 도약하기 위한 단계별 전략 목표를 수립하였다. 2017년까지 차별적 경쟁우위를 확보하여 국내 리딩 금융 그룹의 초석을 다지고, 안정적 자산성장과 그룹 포트폴리오 개선을 통한 수익성장으로 2020년까지 국내 금융시장에서의 리더십을 회복할 것이다. 이를 통해 2023년까지 아시아 금융시장을 선도하는 기업이 될 수 있도록 그룹의 역량을 한데 모으고자 한다.

비전	아시아 금융을 선도하는 글로벌 금융그룹			
2017년 전략 목표	차별적 경쟁 우위 확보를 통한 리딩 금융 그룹 초석 마련			
전략 방향	1. 그룹 핵심 사업 부문의 수익 창출 능력 향상	2. 고객 니즈와 행동 변화에 대응하는 채널 체계 구축	3. 비이자 수익 확대를 위한 미래 성장 사업 모델 구축	4. 글로벌 비즈니스 역량 강화
	−주요 계열사의 경쟁력 강화 −여신 포트폴리오의 질적 개선	−오프라인 영업 네트워크 개편 −비대면 채널 경쟁력 강화	−WM과 CIB부문의 경쟁력 강화 −차별화된 연금 서비스 모델 정립	−해외 진출 확장
	고객지향	전문성	혁신성	신속성	성과 지향
	5. 경영 관리 체계 강화+조직 · 문화의 핵심 가치			

3 윤리헌장

'아시아 금융을 선도하는 글로벌 금융그룹, KB금융그룹'

KB금융그룹은 고객에게 최상의 금융서비스를 제공하고, 주주의 권익을 우선하며, 임직원의 성장과 삶의 질 향상을 도모한다. 아울러, 건전하고 공정한 기업문화 창달과 사회공헌 활동을 통하여 국가와 사회의 발전에 이바지한다. 이를 위하여 KB금융그룹의 모든 구성원은 윤리적 가치를 최우선 기준으로 삼아 행동하고자 윤리헌장을 제정하고 적극 실천할 것을 다짐한다.

① 우리는 항상 고객의 입장에서 생각하고 행동하며, 최고의 금융서비스를 제공함으로써 고객 감동 실현을 위해 노력한다.

② 우리는 투명하고 합리적인 경영을 통하여 그룹의 가치를 극대화함으로써 주주의 권익향상을 위해 최선을 다한다.

③ 우리는 제반 법규를 준수하고 다양한 문화와 가치를 존중하며, 국가경제와 사회의 발전 및 인류의 공존번영을 위해 노력한다.

④ 우리는 그룹의 정책방향을 공유하고, 계열사 상호간 신뢰를 바탕으로 그룹의 역량을 결집하여 그룹이 지속성장할 수 있도록 노력한다.

⑤ 우리는 항상 성실하고 정직하게 행동하며, 올바른 근무 자세를 견지하여 모범적인 금융인의 표상이 된다.

4 **채용안내**

아시아금융을 선도하는 글로벌금융기업으로 성장하고 있는 KB금융그룹에서는 그룹의 미래를 이끌어갈 인재를 모집하기 위해 다음과 같이 채용을 실시한다.

① **정기채용** : KB금융그룹은 각 계열사 별로 연 1~2회 정도 정기채용을 실시한다.

② **수시채용** : KB금융그룹은 직무, 경력 등에 따라 계열사별로 수시채용을 실시한다.

5 **채용절차**

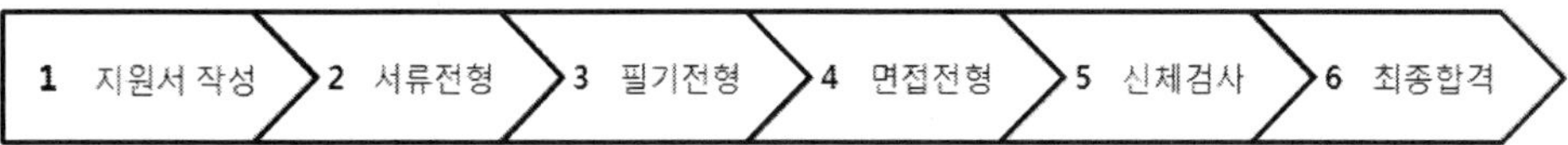

※ 채용절차 및 방법은 각 계열사별로 상이할 수 있음

Chapter 02

관련기사

2016년도 3분기 실적발표

- KB금융그룹 3분기 누적 당기순이익 1조 6,898억원 시현
- 그룹 총자산(관리자산 등 포함)은 489.8조원으로 전년말 대비 41.2조원(9.2%) 증가
- 그룹과 은행의 BIS비율은 각각 15.25%, 16.37% 기록, 국내 은행권 최고 수준의 자본 적정 성비율 유지

〈3분기 실적 관련 주요 내용〉

1. 순이자이익 개선
- 지난 6월 기준금리 인하에도 불구하고 3분기 그룹 및 은행 NIM이 전분기와 동일한 1.85%와 1.58%를 기록하였고, 견조한 여신성장이 이어짐에 따라 그룹 순이자이익 개선추세가 유지됨
- 이는 저원가성예금 증대 및 우량신용대출 중점 취급 등 적극적인 포트폴리오 개선 노력에 기인함

2. 효율적 비용관리
- 3분기 그룹 일반관리비는 전분기(1조 692억원) 대비 6.9%(742억원) 감소한 9,950억원을 기록하며, 지속적인 인력구조 개선 등의 비용관리 노력으로 인한 점진적 감소 추세가 이어짐

3. 안정적인 자산건전성
- 3분기 그룹 누적 신용손실충당금 전입액은 5,077억원을 기록하며 전년 동기(6,244억원) 대비 18.7% 감소. 분기 기준으로도 국민유선방송투자 및 딜라이브 관련 일회성 충당금 적립(978억원)에도 불구하고 전분기(1,945억원)와 유사한 1,942억원을 기록하여 여전히 안정적인 수준을 유지

KB금융그룹(회장 윤종규)은 2016년 10월 20일(목) 여의도 본사에서 인터넷 생중계를 통해 2016년도 3분기 경영실적을 발표하였다.

KB금융그룹의 2016년도 3분기 누적 당기순이익은 1조 6,898억원을 기록하여, 전년 동기(1조 3,512억원) 대비 25.1% 증가. 분기 기준으로도 5,644억원의 양호한 실적을 기록하였으나, 현대증권 자사주 취득 관련 약 1,050억원의 염가매수차익이 반영되었던 전분기(5,804억원) 대비해서는 소폭(2.8%) 하락하였다.

3분기 당기순이익이 시장의 예상치를 크게 웃돌았는데, 이는 적극적인 비용통제 노력과 지난해부터 추진해온 희망퇴직 효과로 일반관리비가 잘 통제되고, 대손비용이 낮게 유지되었기 때문이라고 KB금융 측은 설명하였다.

-2016. 10. 20

5번째 크라우드펀딩을 통한 스타트업 투자

■ 스마트블럭을 통한 유아용 학습 플랫폼 기업 프레도(PLEDO)

KB금융그룹(회장 윤종규)은 올해 초부터 진행 중인 크라우드펀딩을 활용한 스타트업 투자 프로그램의 5번째 기업으로 유아용 학습 플랫폼 기업인 프레도(PLEDO, 대표 김관석)가 선정되었다고 밝혔다.

이 프로그램은 KB금융이 발굴한 우수 스타트업 기업을 크라우드펀딩을 통해 일반 투자자들에게 추천하고 KB투자증권 등 관련 계열사에서 매칭투자도 진행하는 프로그램으로 이를 통해 이미 4개 기업이 8.4억원의 자금을 모집한 바 있다.

프레도는 스마트블록과 로봇을 통해 영유아가 한글, 영어, 숫자, 한자 등을 스스로 학습할 수 있도록 도와주는 완구를 개발 중이다. 학습완구에 사물인터넷(IoT) 기술을 접목하여 자녀의 학습 현황과 분석 결과를 부모의 스마트폰으로 제공함으로써 학습효과를 극대화하는 특징을 가지고 있다.

프레도는 총 1억원 모집을 목표로 지난 달 19일부터 크라우드펀딩을 진행 중이며, 이번 선정으로 KB투자증권에서 5천만원의 매칭투자가 결정되었다.

KB금융 관계자는 "올해 상반기 4개 기업의 크라우드펀딩을 진행하며, 외부에서 대형 금융사가 스타트업 투자에 접근하는 바람직한 방법이라는 평가를 많이 받았고, 내부적으로도 긍정적 분위기가 형성되어 이번에 기업당 매칭투자 규모를 2배로 증액할 수 있었다."라며, "스타트업 투자 활성화는 사회적 공감대 형성 및 인식의 전환이 가장 중요한 요소라고 느꼈다"고 말했다.

오픈트레이드(http://otrade.co)에서 진행되고 있는 본 크라우드펀딩은 오는 7일까지 진행 예정이며, 마감일 기준으로 목표금액의 80% 이상을 모집할 경우 최종적으로 펀딩에 성공하게 된다.

—2016. 10. 05

소통과 화합의 한마당, 「2016 KB금융그룹 동호회 올림픽」 개최

■ 축구, 야구, 배드민턴, 농구, 테니스, 볼링 등 6개 종목, 총 56개팀 1,500여명 열전
■ 한마음 화합 행사를 통한 'ONE FIRM! ONE KB!'다짐

KB금융그룹(회장 윤종규)은 9월 24일 KB국민은행 천안연수원 및 인근 경기장에서 윤종규 회장과 그룹 임직원 등 천오백 여명이 참여한 가운데 소통과 화합을 위한 '2016 KB금융그룹 동호회 올림픽' 행사를 개최하였다고 밝혔다.

KB금융그룹 동호회 올림픽은 2011년부터 시작하여 올해로 6년째를 맞이하고 있으며, 각 종목별로 개최되던 행사를 2014년부터 전 종목이 동시에 진행되는 명실상부한 그룹차원의 한마음 화합행사로 확대하여 운영하고 있다.

특히 이날은 현대증권이 KB의 새 가족이 된 후 처음으로 함께 하는 행사로 더욱 그 의미를 더한 가운데, 전국에서 참여한 KB금융그룹내 축구, 야구, 농구, 배드민턴, 테니스, 볼링 등 6개 종목 총 56개 동호회가 종목별 예선을 거쳐 결승까지 서로의 기량을 겨루었으며, 현대증권과 KB투자증권 직원들이 함께 만든 연합팀도 경기에 참가하여 이번 올림픽을 통해 통합 KB증권을 미리 알리는 자리가 되기도 하였다.

한편 이날 행사에는 스포츠 동호회 외에도 KB국민카드 프라모델 동호회, 현대증권 여직원회, KB투자증권 꽃꽂이동호회가 참가직원과 가족을 대상으로 꽃바구니 증정행사 및 다양한 체험이벤트를 가졌으며, 현대증권에서는 별도 홍보부스를 마련하고 현대증권 소개 및 다채로운 프로그램을 진행하여 KB의 한 가족으로서 'ONE FIRM! ONE KB!'의 의미를 더했다.

윤종규 회장은 "올해는 현대증권이 합류하면서 참가직원도 늘어나고 전 계열사 총 천오백 여명이 넘는 KB가족이 참가하는 명실상부한 소통과 화합의 한마당"이 되었다며, "격무로 지친 몸과 마음을 재충전하고, KB계열사 직원간 소통과 화합을 다지면서 모두가 KB의 한가족 임을 확인하는 뜻 깊은 시간"이었다고 말했다.

그리고, 행사에 참여한 한 직원은 "모처럼 일상에서 벗어나 KB의 각 계열사 직원들이 몸으로 소통하고 마음을 나눴던 소중한 시간을 통해 우리 모두 KB의 한 가족이라는 소속감과 자긍심을 느낄 수 있었던 뜻 깊은 자리였다"고 소감을 전했다.

KB금융그룹 관계자는 "금번 행사를 포함하여 각 계열사 직원간의 만남 행사인 'KB크로스 미팅'등 계열사 직원들이 함께 어울리는 다양하고 신바람 나는 교류의 장(場)을 지속적으로 확대 진행할 예정이다"라고 말했다.

-2016. 09. 25

출제예상문제

기출문제분석을 토대로 실제 시험에 출제가 예상되는 문제를 엄선하여 수록하였습니다.

출제예상문제

- - - - -

01. 언어능력
02. 수리능력

언어능력

※ 다음 문장들을 순서에 맞게 배열한 것을 고르시오. 【1~7】

1

> (가) 즉, 온 민족이 일치단결하여 국난을 극복한 대표적인 사례로만 제시되면서, 그 이면의 다양한 실상이 제대로 밝혀지지 않았다.
> (나) 하지만 그 주제를 바라보는 시각은 지나치게 편향적이었다.
> (다) 특히 의병의 봉기 원인은 새롭게 조명해 볼 필요가 있다.
> (라) 한국사 연구에서 임진왜란만큼 성과가 축적되어 있는 연구 주제는 많지 않다.

① (가) － (나) － (라) － (다)　　② (가) － (다) － (나) － (라)
③ (라) － (가) － (나) － (다)　　④ (라) － (나) － (가) － (다)

GUIDE

(라)에서 한국사 연구 중 임진왜란에 대한 화두를 던진 후 (나), (가)에서 임진왜란에 대한 편향적인 시각을 부각시키고, (다)에서 그 중 의병 봉기에 대한 재조명의 필요성을 이야기 하고 있다.

2

> (가) 이보다 발달된 차원의 경험적 방법은 관찰이며, 지식을 얻기 위해 외부 자연 세계를 관찰하는 것이다.
> (나) 가장 발달된 것은 실험이며 자연 세계에 변형을 가하거나 제한된 조건하에서 살펴보는 것이다.
> (다) 우선 가장 초보적인 차원이 일상 경험이다.
> (라) 자연과학의 경험적 방법은 세 가지 차원에서 생각해볼 수 있다.

① (가) － (라) － (나) － (다)　　② (가) － (나) － (라) － (다)
③ (라) － (다) － (나) － (가)　　④ (라) － (다) － (가) － (나)

GUIDE

(라) 자연 과학의 경험적 방법에는 세 가지 차원이 있다고 전제하고, (다) 가장 초보적인 차원(일상경험) →
(가) 이보다 발달된 차원(관찰) → (나) 가장 발달된 차원(실험)으로 설명이 전개되고 있다.

3

(가) 이는 저마다 개별적으로 수행할 수 있는 소송들을 하나의 절차에서 한꺼번에 심리
하고 진행할 수 있도록 배려하는 것으로서, 경제적이고 효율적으로 일괄 구제할 수
있다는 장점이 있다.

(나) 공동 소송은 소송 당사자의 수가 여럿이 되는 소송을 말한다.

(다) 하지만 당사자의 수가 지나치게 많으면 한꺼번에 소송을 진행하기에 번거롭다.

(라) 또한 선정 당사자 제도를 이용할 수도 있는데, 이는 갑과 같은 이를 선정 당사자로
삼아 그에게 모두의 소송을 맡기는 것이다.

(마) 그래서 실제로는 대개 공동으로 변호사를 선임하여 그가 소송을 수행하도록 한다.

① (가) – (나) – (마) – (라) – (다)
② (나) – (가) – (다) – (마) – (라)
③ (나) – (나) – (가) – (라) – (마)
④ (마) – (라) – (다) – (나) – (가)

GUIDE

(나) 공동 소송의 정의
(가) 공동 소송의 효과
(다) 공동 소송의 단점
(마) 개선책1(공동 변호사 선임)
(라) 개선책2(선정 당사자 제도)

ANSWER ▸ 1.④ 2.④ 3.②

4

(가) 동물은 다양한 방식으로 중요한 장소의 위치를 기억하고 이를 활용하여 자신의 은 신처까지 길을 찾아올 수 있다.

(나) 기억된 영상은 어떤 각도에서 바라보는지에 따라 달라지기에, 이 방법을 활용하는 꿀벌은 특정 장소를 특정 각도에서 본 영상으로 기억해 두었다가 다시 그곳으로 갈 때는 자신이 보는 영상과 기억된 영상이 일치하도록 비행한다.

(다) 동물의 길 찾기 방법에는 '장소기억', '재정위', '경로적분' 등이 있다.

(라) 이 중 장소기억은 장소의 몇몇 표지만을 영상 정보로 기억해 두었다가 그 영상과의 일치 여부를 확인하며 길을 찾는 방법이다.

(마) 장소기억은 곤충과 포유류를 비롯한 많은 동물이 길 찾기에 활용한다.

① (가) − (다) − (라) − (나) − (마)　　② (다) − (라) − (가) − (마) − (나)
③ (라) − (마) − (나) − (다) − (가)　　④ (마) − (가) − (다) − (라) − (나)

5

(가) 사회 내의 소득 격차가 커질수록, 자녀 세대의 보험료 부담이 커질수록, 이 비판은 더욱 강해질 수밖에 없다.

(나) 구체적으로 전자는 이 제도를 계층 간, 세대 간 소득 재분배의 수단으로 이용해야 한다고 주장한다.

(다) 하지만 후자는 이처럼 사회 구성원 일부에게 희생을 강요하는 소득 재분배는 물가 상승을 반영하여 연금의 실질 가치를 보장할 수 있을 때만 허용되어야 한다고 비판 한다.

(라) 우리나라에서 공적 연금 제도를 운영하는 과정에는 사회적 연대를 중시하는 입장과 경제적 성과를 중시하는 입장이 부딪치고 있다.

(마) 소득이 적어 보험료를 적게 낸 사람에게 보험료를 많이 낸 사람과 비슷한 연금을 지급하고, 자녀 세대의 보험료로 부모 세대의 연금을 충당하는 것은 그러한 관점에 서 이해될 수 있다.

① (가) − (나) − (다) − (라) − (마)　　② (가) − (마) − (라) − (나) − (다)
③ (라) − (나) − (마) − (다) − (가)　　④ (라) − (나) − (다) − (가) − (마)

(라) 우리나라에서 공적 연금 제도를 운영하는 과정에 대한 두 가지 입장
(나) 전자의 주장
(마) 전자의 예시
(다) 후자의 비판
(가) 비판이 강해지는 요인

6

(가) 이 지역에서 수렵 생활을 하던 이들은 세 가지 서로 다른 길을 걸었다.
(나) 첫째 집단은 그대로 머물러 생활양식을 유지하며 겨우 생존만 하다가 멸망의 길로 들어섰다.
(다) 빙하기가 끝나고 나서 세계 여러 지역의 기후는 크게 달라졌다. 서남아시아 일부 초원 지역의 경우는 급속히 사막화가 진행되었다.
(라) 다음 집단은 다른 지역인 티그리스, 유프라테스 강 유역으로 이주한 다음, 농경 생활을 선택하여 새로운 고대 문명을 일구고 이어지는 문제들도 성공적으로 해결해 나갔다.
(마) 또 다른 집단은 생활양식만을 변경하여 그 지역에서 유목생활을 하였다. 이들은 문명 단계에는 들어갔으나 더 이상의 발전이 없이 정체되고 말았다.

① (가) - (다) - (나) - (마) - (라)
② (가) - (다) - (라) - (나) - (마)
③ (다) - (가) - (나) - (마) - (라)
④ (다) - (가) - (마) - (나) - (라)

④번의 경우 (나)-(마)-(라)의 순서가 일정한 경향성 없이 제시되고 있으므로 더 적절한 것은 ③번이다.
(다) 빙하기 이후 사막화
(가) 수렵 생활을 하던 이들의 세 가지 길
(나) 첫 번째 집단 : 생활양식을 유지하여 멸망
(마) 두 번째 집단 : 생활양식만 변경, 그 지역에서 유목생활을 하여 정체
(라) 세 번째 집단 : 다른 지역으로 이주, 농경생활 선택하여 문명을 일굼

ANSWER ▶ 4.① 5.③ 6.③

7

㈎ 그러나, 종과 종이라는 관계에서 본 경우는 어떨까.

㈏ 포식관계에 있는 동물은 일반적으로 먹히는 쪽보다는 먹는 쪽이 강하다고 생각되는 경향이 있다.

㈐ 확실히 일대일 개체 간의 관계에서는 그럴지도 모른다.

㈑ 먹는 쪽의 목숨은 먹히는 쪽의 목숨에 따라 양육되어 왔다.

㈒ 즉, 먹히는 쪽이 없으면 먹는 쪽은 살아갈 수 없다는 것이다.

① ㈎ – ㈐ – ㈏ – ㈑ – ㈒

② ㈏ – ㈐ – ㈎ – ㈑ – ㈒

③ ㈐ – ㈏ – ㈎ – ㈑ – ㈒

④ ㈐ – ㈏ – ㈎ – ㈒ – ㈑

GUIDE

㈏ 먹는 쪽이 강하다고 여겨지는 동물의 포식관계(도입)→㈐ 이러한 포식관계가 전 개체 간에서 통용되는 것은 아님→㈎ 종과 종이라는 관계에서 본 먹고 먹힘의 관계 → ㈑ 먹히는 쪽의 목숨에 따라 양육되어 온 먹는 쪽의 목숨→㈒ 먹히는 쪽에 달린 먹는 쪽의 목숨

8 다음은 대담의 일부이다. 대담 참여자의 말하기 방식으로 적절한 것은?

> 진행자 : '책 사랑' 시간입니다. 오늘은 우리의 전통 선박에 대해 재미있게 설명한 「우리나라 배」의 저자를 모셨습니다. 안녕하십니까?
>
> 전문가 : 반갑습니다.
>
> 진행자 : 선생님, 우리나라 전통 선박에 담긴 선조들의 지혜를 설명한 책의 내용이 참 흥미롭던데요, 구체적인 사례 하나만 소개해 주시길 부탁 드립니다.
>
> 전문가 : 많은 사례가 있지만 그중에서도 판옥선에 담긴 선조들의 지혜를 소개해 드릴까 합니다. 혹시 판옥선에 대해 들어 보셨나요?
>
> 진행자 : 자세히는 모르지만 임진왜란 때 사용된 선박이라고 들었습니다.
>
> 전문가 : 맞습니다. 판옥선은 임진왜란 때 활약한 전투함인데, 우리나라 해양 환경에 적합한 평저 구조로 만들어졌습니다.
>
> 진행자 : 선생님, 평저 구조가 무엇인가요?
>
> 전문가 : 네, 그건 배의 밑 부분을 넓고 평평하게 만든 구조입니다. 덕분에 판옥선은 수심이 얕은 바다에서는 물론, 썰물 때에도 운항이 용이했죠. 또한 방향 전환도 쉽게 할 수 있었습니다.
>
> 진행자 : 그러니까 섬이 많고 수심이 얕으면서 조수 간만의 차가 비교적 큰 우리나라 남해안과 서해안에 적합한 구조라는 말씀이시죠?
>
> 전문가 : 네, 그렇습니다.
>
> 진행자 : 선조들의 지혜가 대단하다는 생각이 드네요. 이런 득징을 가진 판옥선이 전투 상황에서는 얼마나 위력적이었는지 궁금합니다. 설명해 주시겠습니까?

① 전문가는 여러 가지 예를 들어 책의 내용을 설명하고 있다.
② 전문가는 자신의 이론에 대하여 설명하고 있다.
③ 진행자는 대화의 주제와 맞지 않는 물음을 던지고 있다.
④ 진행자는 용어의 개념에 대하여 물음으로써 청취자의 이해를 돕고 있다.

GUIDE

① 전문가는 판옥선의 예를 들어 우리나라 선통 선박에 담긴 선조들의 지혜를 설명하고 있다.
② 전문가는 자신의 책에 담긴 내용을 설명하고 있다.
③ 진행자는 용어의 개념에 대하여 물음으로써 청취자의 이해를 돕고, 물음을 통해 자신이 이해한 바를 확인하고 있으며, 마지막에는 화제와 관련된 추가 정보를 요청하고 있다.

※ **다음 글을 읽고 물음에 답하시오. 【9~10】**

서양 음악에서 기악은 르네상스 말기에 탄생하였지만 바로크 시대에 이르면서 악기의 발달과 함께 다양한 장르를 형성하면서 비약적인 발전을 이루게 된다. 하지만 가사가 있는 성악에 익숙해져 있던 사람들에게 기악은 내용 없는 공허한 울림에 지나지 않았다. 이러한 비난을 면하기 위해 기악은 일정한 의미를 가져야하는 과제를 안게 되었다.

바로크 시대의 음악가들은 이러한 과제에 대한 해결의 실마리를 '정서론'과 '음형론'에서 찾으려 했다. 이 두 이론은 본래 성악 음악을 배경으로 태동하였으나 점차 기악 음악에도 적용되었다. 정서론에서는 웅변가가 청중의 마음을 움직이듯 음악가도 청자들의 정서를 움직여야 한다고 본다. 그렇게 하기 위해서는 한 곡에 하나의 정서만이 지배적이어야 한다. 그것은 연설에서 한 가지 논지가 일관되게 견지되어야 설득력이 있는 것과 같은 이유에서였다.

한편 음형론에서는 가사의 의미에 따라 그에 적합한 음형을 표현 수단으로 삼는데, 르네상스 후기 마드리갈이나 바로크 초기 오페라 등에서 그 예를 찾을 수 있다. 바로크 초반의 음악 이론가 부어마이스터는 마치 웅변에서 말의 고저나 완급, 장단 등이 호소력을 이끌어 내듯 음악에서 이에 상응하는 효과를 낳는 장치들에 주목하였다. 예를 들어, 가사의 뜻에 맞춰 가락이 올라가거나, 한동안 쉬거나, 음들이 딱딱 끊어지게 연주하는 방식 등이 이에 해당한다.

바로크 후반의 음악 이론가 마테존 역시 수사학 이론을 끌어들여 어느 정도 객관적으로 소통될 수 있는 음 언어에 대해 설명하였다. 또한 기존의 정서론을 음악 구조에까지 확장하며 당시의 음조(音調)를 특정 정서와 연결하였다. 마테존에 따르면 다장조는 기쁨을, 라단조는 경건하고 웅장함을 유발한다. 그러나 마테존의 진정한 업적은 음악을 구성적 측면에서 논의한 데 있다. 그는 성악곡인 마르첼로의 아리아를 논의하면서 그것이 마치 기악곡인 양 가사는 전혀 언급하지 않은 채, 주제가락의 착상과 치밀한 전개 방식 등에 집중하였다. 이는 가락, 리듬, 화성과 같은 형식적 요소가 중시되는 순수 기악 음악의 도래가 멀지 않았음을 의미하는 것이었다. 실제로 한 세기 후 음악 미학자 한슬리크는 음악이 사람의 감정을 묘사하거나 표현하는 것이 아니라, 음들의 순수한 결합 그 자체로 깊은 정신세계를 보여주는 것이라 주장하기에 이른다.

9 서양 음악에서의 기악에 대한 설명으로 옳은 것은?

① 기악은 내용 없는 공허한 울림에 지나지 않는다는 비난을 면하기 위해 정서론과 음형론이 제시되었다.

② 르네상스 말기에 다양한 장르를 형성하면서 비약적인 발전을 이루게 된다.

③ 음형론에서는 웅변가가 청중의 마음을 움직이듯 음악가도 청자들의 정서를 움직여야 한다고 본다.

④ 마테존은 순수 기악 음악의 창시자이다.

GUIDE

② 서양 음악에서의 기악은 바로크 시대에 이르면서 악기의 발달과 함께 다양한 장르를 형성하면서 비약적인 발전을 이루게 된다.

③ 정서론에서는 웅변가가 청중의 마음을 움직이듯 음악가도 청자들의 정서를 움직여야 한다고 본다.

④ 마테존은 음악을 구성적 측면에서 논의하였고 이는 순수 기악 음악의 도래가 멀지 않았음을 의미하는 것이었다.

10 정서론과 음형론의 관점에서 기악을 비유한 것으로 적절하지 않은 것은?

① 정서론 : 기악은 연설에서 한 가시 논지가 일관되게 견지되어야 설득력이 있는 것과 같다.

② 음형론 : 기악은 웅변에서 말의 고저나 완급, 장단 등이 호소력을 이끌어 내는 것과 같다.

③ 정서론 : 기악은 웅변가가 청중의 마음을 움직이는 것과 유사하게 정서를 움직여야 한다.

④ 음형론 : 기악은 연설에서 연설문이 서론, 본론, 결론으로 구조가 나뉘는 것과 같다.

GUIDE

④ 음형론의 관점에서 기악은 웅변에서 말의 고저나 완급, 장단 등이 호소력을 이끌어 내는 것과 같다고 하였을 뿐 연설에서 연설문이 서론, 본론, 결론으로 구조가 나뉘는 것과 같다고 비유하지는 않았다.

ANSWER 9.① 10.④

한글 창제 후 다양한 방식으로 한글과 한자를 섞어 쓰게 됨으로써 우리나라의 문자 생활사에는 큰 변화가 일어났다. 이러한 변화는 서적의 간행에 영향을 미쳤는데, 서적을 간행할 때에 서적의 내용과 간행 목적에 따라 예상 독자층을 상정하고 그들에게 적합한 방식으로 한글과 한자를 섞어 쓰게 되었다. 한글 창제 직후 간행된 「용비어천가」, 「월인천강지곡」, 「석보상절」은 모두 한글과 한자를 섞어 표기하였다. 하지만 세 문헌은 구체적인 표기 방식에 차이가 있는데, 이는 상정한 예상 독자가 달랐기 때문이다.

「용비어천가」는 '海東六龍이 ᄂᆞᄅᆞ샤'에서와 같이 한글과 한자를 혼용하였다. 이것은 한자와 한문을 많이 아는 사람을 주요 독자층으로 상정했기 때문이다. 이와 달리 「월인천강지곡」은 '셍世존尊'에서처럼 해당 한자음에 한자를 병행하여 적었고, 「석보상절」은 '世솅尊존'에서처럼 해당 한자에 한자음을 병행하여 적었다. 「월인천강지곡」과 「석보상절」에는 공통적으로 동국정운식 한자음이 사용되었다. 하지만 이것은 당시 우리나라에서 발음되지 않는 한자음을 표기하려 했기 때문에 현실적으로 수용되지 않았다. 「월인천강지곡」과 「석보상절」은 한자를 아는 사람뿐만 아니라 한자를 모르는 사람들까지도 독자층으로 상정하였다는 점에서는 같지만 누구를 주된 독자층으로 상정하느냐에 따라 구체적인 표기방식이 달랐다. 「월인천강지곡」은 한자를 잘 모르는 독자, 즉 한글 창제를 통해 새로 확보하게 될 독자들을 우선적으로 고려한 방식으로 간행된 것이다.

앞의 세 문헌보다 후대에 간행된 「두시언해」와 「백련초해」도 한글과 한자를 섞어 쓰는 방식에 서로 차이를 보인다. 성종 때 간행된 「두시언해」는 두보의 한시를 한글로 번역한 책인데, '東녀그로 萬里예'에서 보듯 한글과 한자를 혼용하는 방식을 채택하고 있다. 그 이유는 「두시언해」가 두보의 시를 한문으로도 향유할 수 있는 사람들을 독자로 상정하였기 때문이다. 그러나 「백련초해」는 원문의 시는 한자로 적고 각 한자에 한글로 음과 훈을 달았으며, 번역문은 순 한글로 적고 있다. 이는 한자를 모르는 아동을 독자로 상정하였기 때문이다. 「백련초해」의 번역문은 독자층을 적극적으로 고려하여 순 한글로만 적는 표기 방식을 채택했다는 점에서 주목된다.

11 윗글의 전개방식으로 적절한 것은?

① 한글 창제 이후 서적들의 표기방식이 예상독자에 따라 어떻게 달랐는지 비교하고 있다.
② 다양한 서적들의 표기방식과 내용, 표현방법 등 다양한 부분을 비교하여 설명하고 있다.
③ 한글 창제 이후에 나타난 변화에 대하여 시간적 순서에 따라 서술하고 있다.
④ 독자층에 따라 서적을 읽는 방식을 비교하여 설명하고 있다.

GUIDE

첫 문단에서 '한글 창제 후 우리나라의 문자 생활사가 변화하였고, 서적을 간행할 때에 예상 독자층을 상정하고 그들에게 적합한 방식으로 한글과 한자를 섞어 쓰게 되었다.'고 하였고, 뒤에 오는 내용들은 여러 서적들이 예상독자에 따라 어떤 표기방식을 사용했는지 비교하고 있다.

12 윗글의 내용과 일치하지 않는 것은?

① 「월인천강지곡」과 「석보상절」에 사용된 한자음 표기방식은 현실적으로 수용되지 않았다.
② 한글 창제 후 서적을 간행할 때 예상 독자층에 맞추어 다양한 표기방식을 사용하였다.
③ 「용비어천가」에서는 '즁衆싱生'과 같이 표기하였다.
④ 「용비어천가」와 「두시언해」는 한자를 잘 아는 사람들을 독자층으로 상정히였다.

GUIDE

③ '즁衆싱生'과 같이 해당 한자음에 한자를 병행하여 적은 것은 「월인천강지곡」이다.

ANSWER ▶ 11.① 12.③

※ **다음 중 밑줄 친 부분과 같은 의미로 쓰인 것을 고르시오. 【13~14】**

13

> 그는 해결하기만 하면 좋은 기회가 될 수 있는 사건을 하나 <u>물어왔다</u>.

① 사장은 과장에게 이번 일의 책임을 <u>물었다</u>.
② 친구는 나에게 그 일이 어떻게 되어가고 있는지 <u>물어왔다</u>.
③ 나는 입에 음식을 <u>물고</u> 말하다가 혼이 났다.
④ 여자들은 그녀가 부자를 <u>물어</u> 팔자가 피었다며 속닥거렸다.

GUIDE

밑줄 친 부분은 '(속되게) 이익이 되는 어떤 것이나 사람을 차지하다.'라는 의미로 사용되었다.
① ('책임' 따위를 목적어 성분으로 하여) 어떠한 일에 대한 책임을 따지다.
② 무엇을 밝히거나 알아내기 위하여 상대편의 대답이나 설명을 요구하는 내용으로 말하다.
③ 입 속에 넣어 두다.

14

> 옷에 풀이 잘 <u>먹어서</u> 새 옷처럼 **빳빳해졌다**.

① 새로 산 자동차가 생각보다 기름을 너무 많이 <u>먹는다</u>.
② 오늘따라 화장이 잘 <u>먹어서</u> 기분이 좋다.
③ 나는 그에게 복수를 하기로 마음을 굳게 <u>먹었다</u>.
④ 스무 살이나 <u>먹었지만</u> 아직도 어린애처럼 군다.

GUIDE

밑줄 친 부분은 '바르는 물질이 배어들거나 고루 퍼지다.'라는 의미로 사용되었다.
① 돈이나 물자 따위가 들거나 쓰이다.
③ 어떤 마음이나 감정을 품다.
④ 일정한 나이에 이르거나 나이를 더하다.

15 다음 내용으로 추론할 수 있는 것은 무엇인가?

> A전자회사는 오늘 국내에서 두 번째로 가정용 에어컨에 태양전지를 결합한 신개념 에어컨을 선보였다. 이는 태양전지에서 생산되는 전력만으로 에어컨의 공기청정기능을 사용할 수 있는 수준이다.

① 국내 최초의 태양전지를 결합한 가정용 에어컨은 A전자회사 제품이다.
② 신개념 에어컨에는 공기청정기능이 없다.
③ 공기청정기능은 태양전지의 전력만으로도 사용 가능하다.
④ 기존의 태양전지를 이용한 에어컨은 모두 가정용이 아니었다.

GUIDE

① A전자회사가 국내에서 두 번째로 태양전지를 결합한 가정용 에어컨을 선보였다.
② 출시된 신개념 에어컨은 태양전지에서 생산되는 전력만으로 에어컨의 공기청정기능을 사용할 수 있는 수준이다.
④ 가정용 에어컨에 태양전지를 결합한 에어컨은 기존에 존재했다.

16 다음은 학생 봉사활동단체에 대한 설문조사의 질문과 그 결과를 정리한 것이다. 이를 토대로 보고서를 쓸 때, 세울 수 있는 논지로 적절하지 않은 것은?

질문 : 학생 봉사활동 단체의 문제점은 무엇이라고 생각하십니까?

주요 답변
㉠ 재정적으로 열악하다.
㉡ 제도적 지원이 미비하다.
㉢ 봉사활동 단체와의 연계가 부족하다.
㉣ 학부모들의 이해 부족으로 활동에 어려움이 있다.

① 도덕성과 베푸는 정신이 학생들의 정서적 안정과 사회생활에 도움이 된다는 것을 부각하여 학부모들의 이해와 격려를 요청한다.
② 여러 성인 봉사활동 단체와의 연계를 통해 다양한 활동을 하는 것이 필요함을 지적한다.
③ 이윤이 날 수 없는 봉사활동 단체이고, 학생들끼리 재정 문제를 해결하기 어렵다는 점을 들어 학교 측의 적극적 관심과 지원이 필요함을 호소한다.
④ 단편적인 체험이 아닌 장기적이고 학생들에게 좀 더 의미 있는 활동이 될 수 있도록 새로운 봉사활동을 모색한다.

GUIDE

의미 있는 새로운 봉사활동을 모색하는 일은 설문조사의 답변 내용과 상관성이 없다.

17 다음 글의 내용을 바르게 이해한 것은?

> 전통은 물론 과거로부터 이어 온 것을 말한다. 이 전통은 대체로 그 사회 및 그 사회의 구성원(構成員)인 개인(個人)의 몸에 배어 있는 것이다. 그러므로 스스로 깨닫지 못하는 사이에 전통은 우리의 현실에 작용(作用)하는 경우(境遇)가 있다. 그러나 과거에서 이어온 것을 무턱대고 모두 전통이라고 한다면, 인습(因襲)이라는 것과의 구별(區別)이 서지 않을 것이다. 우리는 인습을 버려야 할 것이라고는 생각하지만, 계승(繼承)해야 할 것이라고는 생각하지 않는다. 여기서 우리는 과거에서 이어 온 것을 객관화(客觀化)하고 이를 비판(批判)하는 입장에 서야 할 필요를 느끼게 된다. 그 비판을 통해서 현재(現在)의 문화 창조에 이바지 할 수 있다고 생각되는 것만을 우리는 전통이라고 불러야 할 것이다. 이같이, 전통은 인습과 구별될뿐더러 또 단순한 유물(遺物)과도 구별되어야 한다. 현재의 문화를 창조하는 일과 관계가 없는 것을 우리는 문화적 전통이라고 부를 수가 없기 때문이다.

① 전통은 우리 현실에 아무런 영향을 끼치지 못한다.
② 인습은 우리가 계승해야 할 유산이다.
③ 우리는 과거에서 이어 온 것을 비판 없이 수용해야 한다.
④ 문화적 전통은 현재의 문화 창조에 이바지한다.

GUIDE

제시된 글을 보면 '현재의 문화 창조에 이바지 할 수 있다고 생각되는 것만을 우리는 전통이라고 불러야 할 것이다.'라는 구절이 있다.

18 다음 글을 통하여 추리할 때, 이 글의 앞에 나왔을 내용으로 맞는 것은?

> 하지만 헌법상 예외적으로 특별한 대우가 인정되는 경우도 있다. 정당은 다른 단체보다 존립과 해산에 있어서 특별한 취급을 받는다. 대통령은 그의 직책을 수행하는 동안에는 형사소추를 받지 않는 특권을 가지며, 국회의원은 직무상 행한 발언에 대하여 책임을 지지 않는다. 또한 국가유공자와 상이군경은 취업에서 우선권이 보장된다.

① 평등권은 법률로 제한가능하다.
② 우리 헌법은 자유권을 보장하고 있다.
③ 인간의 존엄성은 인간이 태어날 때부터 가지는 고유한 권리이다.
④ 누구든지 합리적 이유 없는 차별대우를 받지 아니할 권리를 가진다.

GUIDE

④ 예외적으로 특별한 대우를 인정하는 경우가 있다는 내용과 반대되는 내용이 이 글 앞에 나와야 한다. 즉, 누구든지 평등한 권리를 가진다는 내용이 와야 한다.

19 다음은 출산율 저하와 인구정책에 관한 글을 쓰기 위해 정리한 글감과 생각이다. 〈보기〉와 같은 방식으로 내용을 전개하려고 할 때 바르게 연결된 것은?

> ㉠ 가임 여성 1인당 출산율이 1.3명으로 떨어졌다.
> ㉡ 여성의 사회 활동 참여율이 크게 증가하고 있다.
> ㉢ 현재 시행되고 있는 출산장려 정책은 큰 효과가 없다.
> ㉣ 새롭고 실제 가정에 도움이 되는 출산장려 정책이 추진되어야 한다.
> ㉤ 가치관의 변화로 자녀의 필요성을 느끼지 않는다.
> ㉥ 인구 감소로 인해 노동력 부족 현상이 심화된다.
> ㉦ 노동 인구의 수가 국가 산업 경쟁력을 좌우한다.
> ㉧ 인구 문제에 대한 정부 차원의 대책을 수립한다.

> 〈보기〉
> 문제 상황 → 상황의 원인 → 주장 → 주장의 근거 → 종합 의견

	문제 상황	상황의 원인	예상 문제점	주장	주장의 근거	종합 의견
①	㉠, ㉡	㉤	㉢	㉣	㉥, ㉦	㉧
②	㉠	㉡, ㉤	㉥, ㉦	㉣	㉢	㉧
③	㉡, ㉤	㉥	㉠	㉢, ㉣	㉧	㉦
④	㉢	㉠, ㉡, ㉤	㉦	㉧	㉥	㉣

GUIDE

- 문제 상황 : 출산율 저하(㉠)
- 출산율 저하의 원인 : 여성의 사회 활동 참여율(㉡), 가치관의 변화(㉤)
- 출산율 저하의 문제점 : 노동 인구의 수가 국가 산업 경쟁력을 좌우(㉦)하는데 인구 감소로 인해 노동력 부족 현상이 심화된다(㉥).
- 주장 : 새롭고 실제 가정에 도움이 되는 출산장려 정책이 추진되어야 한다(㉣).
- 주장의 근거 : 현재 시행되고 있는 출산장려 정책은 큰 효과가 없다(㉢).
- 종합 의견 : 인구 문제에 대한 정부 차원의 대책을 수립한다(㉧).

20 다음 글의 제목으로 가장 적합한 것은?

스포츠는 인간의 역사와 더불어 가장 오랫동안 인류 문명에 공헌한 문화유산이다. 그러나 스포츠는 때로 내셔널리즘과 국가 선전에 이용되었으며, 정치와 권력의 시녀로 전락한 적도 있었다. 특히 오늘날의 스포츠는 인류의 도덕과 윤리를 망각한 것처럼 보일 때조차 있다. 상업화, 프로화로 인해 이제 스포츠의 본질적 요소들을 이해하지 않은 채 스포츠의 신체적, 외부적 측면에만 집착한다면 결국 스포츠는 도덕적으로 또 윤리적으로 낙후된 문화로 전락될 수밖에 없다.

스포츠에는 정신적, 도덕적, 철학적, 심미적인 예술의 미가 그 본질에 담겨져 있다. 따라서 스포츠를 통한 페어플레이 정신, 훌륭한 경쟁과 우정, 스포츠맨십 등 인격 함양을 위한 노력이 무엇보다 선행되어야 한다. 그렇게 함으로써 스포츠를 윤리적이고 도덕적인 교육문화로 승화시킬 수 있는 것이다.

① 스포츠와 국가 권력
② 스포츠와 인간의 역사
③ 스포츠의 문화적 측면
④ 스포츠의 기원과 변천

GUIDE

인류 문명에 공헌한 문화유산이라는 문장이 나오고 스포츠를 통한 페어플레이 정신, 훌륭한 경쟁과 우정, 스포츠맨십 등 인격 함양을 위한 노력이 선행될 때 스포츠를 윤리적이고 도덕적인 교육문화로 승화시킬 수 있다는 문장이 나오므로 이글은 스포츠의 문화적 측면에 대한 내용이므로 이 글의 주제는 스포츠의 문화적 측면이 적절하다.

21 다음 글의 주제문으로서 가장 적절한 것은?

> 표준화된 언어는 의사소통을 효과적으로 하기 위하여 의도적으로 선택해야 할 공용어로서의 가치가 있다. 반면에 방언은 지역이나 계층의 언어와 문화를 보존하고 드러냄으로써 국가 전체의 언어와 문화를 다양하게 발전시키는 토대로서의 가치가 있다. 이러한 의미에서 표준화된 언어와 방언은 상호 보완적인 관계에 있다. 표준화된 언어가 있기에 정확한 의사소통이 가능하며, 방언이 있기에 개인의 언어생활에서나 언어 예술 활동에서 자유롭고 창의적인 표현이 가능하다. 결국 우리는 표준화된 언어와 방언 둘 다의 가치를 인정해야 하며, 발화(發話) 상황(狀況)을 잘 고려해서 표준화된 언어와 방언을 잘 가려서 사용할 줄 아는 능력을 길러야 한다.

① 창의적인 예술 활동에서는 방언의 기능이 중요하다.
② 표준화된 언어와 방언에는 각각 독자적인 가치와 역할이 있다.
③ 정확한 의사소통을 위해서는 표준화된 언어가 꼭 필요하다.
④ 표준화된 언어와 방언을 구분할 줄 아는 능력을 길러야 한다.

GUIDE

표준화된 언어는 의사소통을 효과적으로 하기 위하여 의도적으로 선택해야 할 공용어로서의 가치가 있고 방언은 국가 전체의 언어와 문화를 다양하게 발전시키는 토대로서이 가치가 있다는 것이 이 글의 주된 내용이다. 따라서 이 글의 주제로 알맞은 것은 '표준화된 언어와 방언은 각각의 다른 가치가 있다'이다.

 다음 신문기사의 내용을 읽고 기사의 제목으로 가장 알맞은 것을 고르면?

> 미 소비자협회가 발간하는 월간지 컨슈머리포트에 따르면, 10대와 부모들을 위한 최고의 차 13대 중 현대기아차가 총 4차종이 포함된 것으로 나타났다.
>
> 10대들을 위한 차급별 최고차종은 소형차 중에선 현대차 '아반떼(2008~2010)', 마쯔다 3, 토요타 '사이언xB' 등 3차종, 중형급에선 기아차 '로체(2007~)', 혼다 '어코드', 어큐라 'TSX' 등 3차종, 소형 SUV중에선 혼다 'CR-V'와 닛산 '로그' 등 2차종이 각각 선정됐다.
>
> 성인들을 위한 최고차종 중에선 현대차 '그랜저'가 대형 급에서, 기아차 '뉴카렌스'는 소형밴 급에서 각각 선정됐다. 이외에 스바루 '포레스터(소형 SUV부문)', 혼다 '오디세이(미니밴)', 혼다 '어코드(패밀리세단)' 등이 차급별 최고의 차로 선정됐다.
>
> 컨슈머리포트는 이번 조사에서 차체자세제어시스템(ESC)과 커튼에어백, 충돌테스트에서 합격점을 받은 차들을 기준으로 추천했으며, 여기엔 신차뿐만 아니라 중고차도 해당된다고 설명했다.
>
> 데이빗 챔피언 컨슈머리포트 테스트센터 총괄감독자는 "보통 부모들은 그들의 자녀들에게 무조건 큰 차들만이 안전하다는 인식을 심어주고 있지만, 사실 10대들에 있어서는 차가 민첩하고 운전자의 의도에 따라 잘 반응하는 것이 안전에 있어 더 중요하다"며 "ESC와 같은 안전옵션도 필수적"이라고 말했다.
>
> 00신문 xxx기자

① 컨슈머리포트의 충돌테스트 결과 발표
② 현대·기아차, 美 소비자들이 뽑은 '10대와 부모들을 위한 최고의 차'로 선정
③ 현대·기아차, 美 시장서 역대 최고 점유율
④ 10대들을 위한 최고의 차로 뽑힌 현대·기아차 4종

GUIDE

신문기사의 첫머리에 기사의 주요내용을 언급하고 있다.
① 충돌테스트 등에서 합격을 받은 차들을 기준으로 추천하여 조사가 이루어진 것이지, 충돌테스트 결과 발표가 신문기사의 주된 내용은 아니다.
③ 기사 내용에서 점유율에 관한 언급은 없다.
④ 10대뿐 아니라 성인들을 대상으로 조사가 이루어진 것이기 때문에 '10대들을 위한 최고의 차로 뽑힌 현대·기아차 4종'은 제목이 될 수 없다.

※ 다음 제시된 개요의 결론으로 알맞은 것을 고르시오. 【23~27】

23

제목 : 개봉 영화의 불법 파일 유출 문제
Ⅰ. 서론 : 개봉 영화가 불법 파일로 만들어져 인터넷에 떠돌고 있는 현실

Ⅱ. 본론
㉠ 개봉 영화가 불법 파일로 유출되는 사실의 문제점
 • 저작권법 위반
 • 영화 산업 침체 우려
㉡ 개봉 영화가 불법 파일로 유출되는 원인
 • 영화사의 관리 소홀
 • 네티즌의 준법 의식 결여
㉢ 문제의 해결 방안
 • 철저한 저작권법 적용으로 경각심 고취
 • 영화사의 보안 관리 철저

Ⅲ. 결론 : (   )

① 불법 파일 다운로드 네티즌의 사법처리 위법성
② 영화사의 불법 파일에 대한 보안성 제고 및 네티즌의 자정 노력 촉구
③ 개봉 영화 관람객의 실질적인 감소 현상을 막기 위한 대안 촉구
④ 불법적인 인터넷 공유 사이트의 성장을 막기 위한 방안

GUIDE

① 해결방안으로 제시된 저작권법 강화와 상반되는 논지이다.
② 결론에서는 제시된 해결방안을 바탕으로 주장을 정리해야하므로 주제문에 알맞다.
③④ 불법 파일 유출이라는 문제를 포괄적으로 포함하는 결론이라고 볼 수 없다.

24

제목 : 어린이 과보호

Ⅰ. 서론 : 어린이 과보호의 문제점

Ⅱ. 본론
㉠ 문제의 배경
• 핵가족화 현상으로 인한 가족 우선주의
• 자녀에 대한 소유 의식
㉡ 문제점의 규명
• 가정 차원의 문제점
  － 아이의 경우 : 자기중심적이고 비자주적인 태도 형성
  － 부모의 경우 : 자녀에 대한 기대가 충족되지 않는 데서 오는 배신감과 소외감
• 사회 차원의 문제점
  － 공동체 의식의 이완
  － 시민 의식의 파괴

Ⅲ. 결론 : (   )

① 과보호 문제 해결을 위해 선진국의 사례를 집중적으로 연구
② 유치원 교육의 개편을 통한 시민 도덕규범의 일상적 실천 촉구
③ 과보호에 대한 인식전환과 건전한 가족 문화 형성의 필요성
④ 과보호 현상 해소를 위한 가정과 사회의 노력 촉구

GUIDE

④ 본론에서 어린이 과보호의 배경과 그로 인한 문제점을 가정, 사회 차원에서 드러내고 있으므로 이를 바탕으로 결론의 내용을 찾는다.

25

제목 : 유전자 조작

Ⅰ. 서론 : 유전 공학의 발달과 최근의 유전자 조작 사례

Ⅱ. 본론

㉠ 유전자 조작의 긍정적인 측면
 • 자원 부족 문제를 해결
 • 난치병 치료를 위한 단서 마련
 • 기형아 출산 예방
㉡ 유전자 조작의 부정적인 측면
 • 생태계의 파괴의 우려
 • 유전자 조작 생명체의 정체성 문제
 • 인간의 유전자 조작으로 윤리 · 사회 체계의 혼란 초래

Ⅲ. 결론 : (   )

① 유전자 조작의 불가피성 역설
② 유전 공학자의 윤리 의식과 사명감 강조
③ 유전자 조작을 통한 난치병의 치료 효과
④ 유전자 조작 금지 법인의 필요성 강조

GUIDE

①④ 유전자 조작의 긍정적인 측면과 부정적인 측면이 모두 나왔으므로 한쪽으로 치우친 결론은 적당하지 않다.

② 결론에서는 유전자 조작에 대한 대안을 제시하는 것이 알맞다.

③ 유전자 조작의 긍정적인 측면의 예시로 알맞은 내용이다.

제목 : 생활 체육 활동
Ⅰ. 서론 : 생활 체육의 중요성과 필요성

Ⅱ. 본론
㉠ 생활 체육 활성화의 장애 요인
• 생활 체육 활동에 대한 주민들의 무관심
• 생활 체육 시설 미비
• 지방 자치 단체의 행정 · 재정적 지원 미흡
㉡ 생활 체육 활성화 방안
• 홍보 강화를 통한 주민들의 관심 유도
• 생활 체육 시설 확충
• 지방 자치 단체의 정책적 지원과 예산 확대

Ⅲ. 결론 : (   )

① 국민의 풍요로운 생활 도모
② 생활 체육 활성화를 위한 국가의 홍보 미흡
③ 생활 체육 활성화를 위한 정책 수립과 지원 촉구
④ 다양한 생활 체육 프로그램 개발

GUIDE

① 개요와 관련 없는 내용이다.
② 생활 체육 활성화의 장애 요인에 적절한 내용이다.
④ 생활 체육 활성화 방안에 적절한 내용이다.

27

제목 : 과학의 발전과 인간성 회복

Ⅰ. 서론 : 과학과 철학의 관계

㉠ 초기의 미분화 상태

㉡ 과학의 발전으로 길을 달리 함

Ⅱ. 본론

㉠ 과학의 발전이 가져온 폐해

• 윤리 의식의 타락

• 비인간적 측면의 발전

㉡ 인간성 회복을 위한 대책

• 철학의 회복

• 정신 문화의 진작

Ⅲ. 결론 : (   )

① 인간성 회복을 위한 방안 제시
② 철학과 정신 문화의 필요성 강조
③ 비인간적 측면의 최소화 방안 마련
④ 현대 철학의 중요성 제시

GUIDE

② '서론'에서 전제로 '과학과 철학의 관계'를 제시하고, '본론㉠'은 윤리의 타락과 비인간화라는 철학적 입장에서 과학 발달의 문제점을 지적하고 있다. '본론㉡'은 철학과 정신문화의 진작을 통해 그 문제점에 대한 해결 방안을 제시하고 있다. 따라서 '결론'은 해결 방안인 '철학과 정신문화의 필요성'이 구체화되거나 강조되어야 한다.

28 '미래를 걱정하기보다는 현재에 충실하자'라는 주제로 글을 쓰려고 한다. 구상한 내용으로 적절하지 않은 것은?

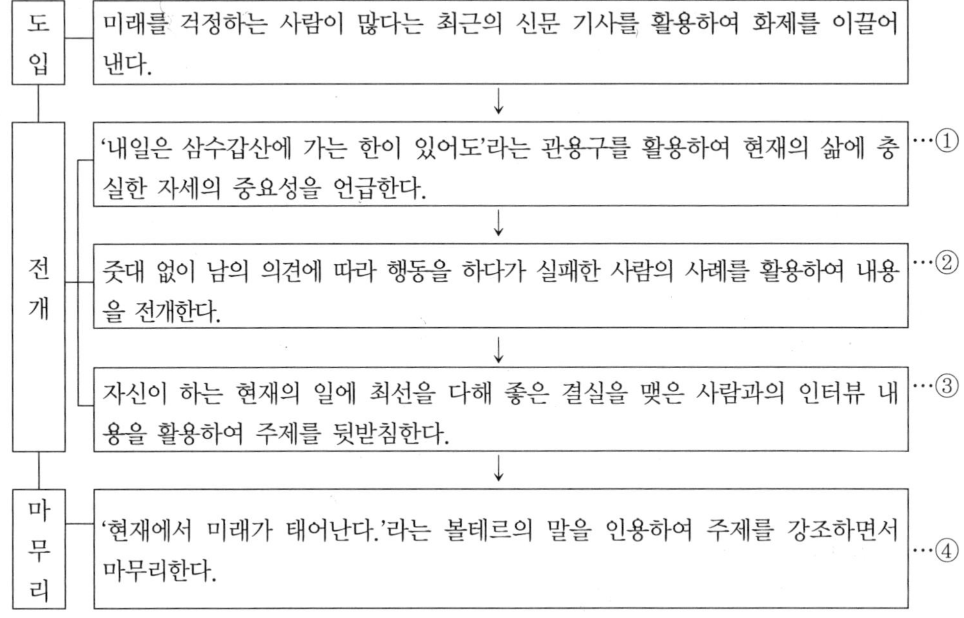

GUIDE

② 줏대 없이 남의 의견에 따라 행동을 하다가 실패한 사람의 사례를 활용하여 내용을 전개하는 것은 주체적으로 행동하는 삶을 강조하는 글에 관련되는 내용이므로, '미래를 걱정하기보다는 현재에 충실하자'라는 주제의 글에는 적절하지 않다.

29 다음 글에서 말하고자 하는 것은 무엇인가?

> 순(舜). 우(禹), 탕(揚) 임금은 대성(大聖)이시니 평범한 사람에게는 취할 것이 없을 듯한데도 누구에게든지 착한 말을 들으면 절을 했고, 간(諫)하는 말을 물 흐르듯 따랐으므로 태평의 시대를 이루었으니, 정치의 도가 어찌 다른 데에 있겠습니까? 당나라 태종은 처음에 간언(諫言)에 귀를 기울였지만, 점차 그 태도가 변하여 정치가 처음보다 못해져서 마침내 위징의 상소가 나오게 된 원인이 되었으니, 마음가짐이 덧없이 두려울 뿐입니다. 우리나라 역대 임금들의 훌륭한 정치는 옛날의 성군들에게 양보할 것이 없지만, 특히 성종께서 간언을 받아들인 미덕은 근고(近古)에 없었던 일이요, 지손만대의 귀감입니다. 전하께서 대업을 이어받으셨으니, 만약 조상으로부터 쌓아 온 업적을 무너뜨리지 않겠다는 생각으로 "어떻게 하면 되겠느냐?"라고 물으신다면, 그것은 언로(言路)를 열어 널리 중선(衆善)을 받아들여 나의 것으로 하는 데 있을 뿐입니다.

① 조상으로부터 쌓아온 업적을 무너뜨리면 안 된다.
② 신하들이 말할 수 있는 길을 열고, 간언을 귀담아 들어야 한다.
③ 누구에게든지 착한 말을 들으면 절을 해야 한다.
④ 간신의 말에 귀를 기울여야 한다.

GUIDE

② 윗글에서 화자는 간언에 귀를 기울이고, 언로를 열어 널리 중선을 받아들여 자신의 것으로 해야 한다고 이야기하고 있다.

30 다음 글의 제목으로 적절한 것은?

> 국내 주요 기업 최고 경영자들이 잇따라 트위터 열풍에 동참하고 있다. 이들은 개인적인 일상생활뿐만 아니라 경영 활동의 일환인 해외 출장과 같은 주요 일정도 공개하는 등 트위터를 통한 '소통의 경영'을 실천해 눈길을 끌고 있다. 이 같은 재계 주요 인사들의 적극적인 트위터 활용을 바라보는 시각은 두 가지다. 회사 직원들뿐만 아니라 궁극적 소비자인 불특정 다수의 국민들과 진정한 '스킨십 경영'을 실천한다는 점은 긍정적이다. 그러나 기업의 관련 업무 담당자들이 자사 최고 경영자의 트위터를 모니터링하는 업무까지 수행해야 하는 것은 부정적인 측면으로 평가된다.

① 트위터와 스킨십
② 트위터와 업무 집중도
③ 최고 경영자의 업무 방식
④ 최고 경영자의 트위터 열풍의 명암

GUIDE

국내 주요 기업 최고 경영자들의 트위터 열풍에 대한 두 가지 시각에 대해 말하고 있다. 회사 직원들뿐 아니라 국민들과 진정한 '스킨십 경영'을 실천한다는 점은 긍정적이지만 기업의 관련 업무 담당자들이 자사 최고 경영자의 트위터를 모니터링하는 업무까지 수행해야 하는 것은 부정적이라고 언급하였으므로 답이 ④라는 것을 쉽게 알 수 있다.

※ (   )에 들어갈 말로 가장 알맞은 것을 고르시오. 【31~33】

31

> 미국인들 중에는 누가 물어보면 여전히 개인의 노력으로 사회에서 성공할 수 있다고 대답하는 사람이 많다. 한 조사에 따르면 "사람은 자기가 노력한 만큼 보상을 받는다"라는 말에 동의한 미국인은 61%인데 반해 캐나다에서는 49%, 프랑스에서는 23%만이 동의했다고 한다. (   ) 미국의 현실은 기회뿐 아니라 성공에서도 불평등이 극심하다는 것을 보여준다. 우리는 고된 노력과 결단력만으로도 성공할 수 있다고 믿을지 모르지만 이는 현실과 다르다.

① 그리고
② 그런데
③ 그러나
④ 그래서

GUIDE

미국인 중 많은 사람이 개인의 노력으로 사회에서 성공할 수 있다고 생각한다는 문장 뒤에 현실은 그렇지 않다는 문장이 이어지고 있으므로 역접을 나타내는 접속어인 '그러나'가 적절하다.

32

민속춤이란 우리 고유의 풍습이나 생활양식, 혹은 종교의식에서 생겨나 주로 민중들에 의해 향유된 춤을 가리킨다. (　　) 민족문화의 본질적 속성을 가장 잘 보여주는 예술영역이라 할 수 있다. 여기에는 주로 농촌에서 농악과 함께 추는 농악춤을 비롯하여 가면을 쓰고 현실에 대한 신랄한 풍자를 드러냈던 탈춤, 주로 여성에 의해 삶의 애환을 노래와 함께 풀어내는 소리춤, 놀이마당에서 사람마다 즉흥적으로 추며 한바탕 어우러지는 허튼춤, 풍자와 해학이 듬뿍 담긴 병신춤 등이 있다. 우리 선조들은 이런 춤을 추면서 공동체 의식을 확인하기도 하였다. 이러한 민속춤은 대개 절대자에게 풍요나 안녕을 기원하던 원시종교나 세시풍속에서 비롯된 것으로, 민중의 애환은 물론이고 그들의 꿈과 이상들을 (　　) 담아내고 있는 것이 특징이다.

① 그래서, 오묘하게　　　　② 그래서, 오롯하게
③ 그렇지만, 오롯하게　　　④ 그렇지만, 오묘하게

GUIDE

민속춤이 우리고유의 풍습이나 생활양식 등에 의해 생겨난 춤이기 때문에 민족문화의 본질적 속성을 가장 잘 보여 주는 영역이라고 했으므로 앞의 내용과 뒤 내용이 연결된다고 볼 수 있다. 따라서 접속 부사 '그래서'가 와야 한다. 또한 민속춤은 민중의 애환뿐만 아니라 꿈과 이상 등을 모두 담아내고 있다고 했으므로 단순히 심오하고 미묘하다는 뜻을 지닌 '오묘하다'는 단어보다 모두 남고 처짐이 없이 원만히 담아냈다는 뜻을 지닌 '오롯하게'가 더 적절한 표현이다.

33

표준어는 나라에서 대표로 정한 말이기 때문에, 각 급 학교의 교과서는 물론이고 신문이나 책에서 이것을 써야 하고, 방송에서도 바르게 사용해야한다. 이와 같이 국가나 공공 기관에서 공식적으로 사용해야 하므로, 표준어는 공용어이기도 하다. (　　) 어느 나라에서나 표준어가 곧 공용어는 아니다. 나라에 따라서는 다른 나라 말이나 여러 개의 언어로 공용어를 삼는 수도 있다.

① 그래서　　　　② 그러나
③ 그리고　　　　④ 그러므로

GUIDE

앞 문장에서는 표준어는 국가나 공공 기관에서 공식적으로 사용해야 하므로 표준어가 공용어이기도 하다는 것을 말하고 있고, 뒷 문장에서는 표준어가 어느 나라에서나 공용어로 사용되는 것은 아님을 말하고 있으므로 앞 뒤 문장의 내용이 상반된다. 따라서 상반되는 내용을 이어주는 접속어 '그러나'가 들어가야 한다.

ANSWER ▶ 30.④　31.③　32.②　33.②

34 다음 글의 결론으로 적당한 것은?

> 책은 휴대 가능하고, 값이 싸며, 읽기 쉬운 데 반해 컴퓨터는 들고 다닐 수가 없고, 값도 비싸며, 전기도 필요하다. 전자 기술의 발전은 이런 문제를 해결할 것이다. 조만간 지금의 책 크기만 한, 아니 더 작은 컴퓨터가 나올 것이고, 컴퓨터 모니터도 훨씬 정교하고 읽기 편해질 것이다. 조그만 칩 하나에 수백 권 분량의 정보가 기록될 것이다.

① 컴퓨터는 종이 책을 대신할 것이다.
② 컴퓨터는 종이 책을 대신할 수 없다.
③ 컴퓨터도 종이 책과 함께 사라질 것이다.
④ 종이 책의 역사는 앞으로도 계속될 것이다.

GUIDE

전자 기술이 발전함에 따라 컴퓨터의 단점이 개선되어 종이 책을 대신할 수 있는 작지만 더욱 정교하고 용량이 큰 컴퓨터가 등장할 것임을 예상하고 있음으로 글의 결론은 '컴퓨터가 종이 책을 대신할 것이다.' 가 적절하다.

35 다음 글을 읽고 알 수 없는 것은?

> 환경호르몬이란 생물체에서 정상적으로 생성·분비되는 물질이 아니라, 인간의 산업 활동을 통해 생성·방출된 화학물질로, 생물체에 흡수되면 내분비계의 정상적인 기능을 방해하거나 혼란케 하는 화학물질이다. 환경호르몬은 우리가 즐겨먹는 통조림 식품이나 캔 음료 등에 들어있다. 또한 과일이나 채소를 재배할 때 사용하는 농약 속에도 들어 있다.
> 우리가 식생활을 하면서 이러한 위험성의 노출을 최소화 하려면 캔류 사용을 줄이고, 랩이나 플라스틱 용기의 식품도 피하는 것이 좋다. 또한 되도록 유기농 야채나 과일을 먹는 것이 좋으며 먹기 전에는 꼭 깨끗이 씻어 먹어야 한다. 화장품에도 환경호르몬이 들어있는데, 우리가 자주 쓰는 세안용품, 샴푸, 트리트먼트, 바디샴푸, 바디로션, 파운데이션, 마스카라, 립스틱, 매니큐어, 염색제 등등… 이런 미용용품에 상당량의 환경호르몬이 들어있다고 한다. 따라서 이런 류의 제품 사용을 최대한 줄이고, 꼭 필요한 것만 쓰는 생활습관이 요구된다.

① 환경호르몬의 종류
② 환경호르몬의 정의
③ 환경호르몬에 대한 대처법
④ 환경호르몬이 인체에 미치는 영향

36 다음 글의 내용과 유사한 사례는?

> 중남미 국가에서는 전체 인구의 80% 이상이 가톨릭을 믿고 있다. 그러나 원주민의 문
> 화적 전통이 강하거나, 가톨릭이 뿌리내리지 못한 지역에서는 원주민의 전통 요소와
> 혼합되어 중남미 특유의 민간 가톨릭이 만들어졌다. 이들 지역에서는 성모 마리아와
> 함께 고유의 수호신을 중요한 믿음의 대상으로 여긴다.

① 불교 사원에 산신각이나 칠성각이 함께 있다.
② 일제시대에는 신사참배와 창씨개명이 강요되었다.
③ 한류의 확산으로 한국 드라마의 수출이 늘어나고 있다.
④ 식품 회사가 주력기업인 A그룹이 건설업에도 진출하였다.

ANSWER 34.① 35.① 36.①

37 다음 글에 관련된 내용을 바르게 이해한 것은?

> 국회의원들의 천박한 언어 사용은 여야가 다르지 않고, 어제오늘의 일도 아니다. '잔대가리', '양아치', '졸개' 같은 단어가 예사로 입에서 나온다. 막말에 대한 무신경, 그릇된 인식과 태도가 원인이다. 막말이 부끄러운 언어 습관과 인격을 드러낸다고 여기기보다 오히려 투쟁성과 선명성을 상징한다고 착각한다.

① 모든 국회의원들은 막말 쓰기를 좋아한다.
② 국회의원들의 천박한 언어 사용은 최근의 일이다.
③ '잔대가리', '양아치', '졸개' 등은 은어(隱語)에 속한다.
④ 국회의원들은 고운 말과 막말을 구분할 줄 모른다.

GUIDE

국회의원들은 막말이 부끄러운 언어 습관과 인격을 드러낸다고 여기기보다 오히려 투쟁성과 선명성을 상징한다고 착각하는 것으로 보아 고운 말과 막말을 구분할 줄 모른다고 할 수 있다.

38 다음 글의 주제는 무엇인가?

> 우리가 흔히 경험하는 바에 따르면, 예술이 추구하는 미적 쾌감이 곱고 예쁜 것에서 느끼는 쾌적함과 반드시 일치하지는 않는다. 예쁜 소녀의 그림보다는 주름살이 깊이 팬 늙은 어부가 낡은 그물을 깁고 있는 그림이 더 감동적일 수 있다. 선과 악을 간단히 구별할 수 없는 여러 인물들이 뒤얽혀서 격심한 갈등이 전개되는 영화가 동화처럼 고운 이야기를 그린 영화보다 더 큰 감명을 주는 것도 흔히 있는 일이다. 이와 같이 예술의 감동이라는 것은 '단순히 보고 듣기 쾌적한 것'이 아닌, '우리의 삶과 이 세계에 대한 깊은 인식, 체험'을 생생하고도 탁월한 방법으로 전달하는 데에 있다.

① 예술은 쾌적함을 주는데 그 목적이 있다.
② 예술의 미적 쾌감은 곱고 아름다운 것에서만 느낄 수 있다.
③ 우리 삶 속의 문제와 갈등은 예술과는 거리가 멀다.
④ 예술의 미는 소재가 아닌 삶에 대한 통찰과 표현의 탁월성에서 나온다.

GUIDE

④ '늙은 어부'의 그림과 '격심한 갈등을 보여주는 영화'를 예로 들어 예술의 미란 단순한 '미', '추'의 개념으로 판단할 수 없음을 말하고 있다.

39 다음 개요대로 논술할 때 가장 잘 부합하는 것은?

주제 : 사랑의 실천
주제문 : 실천하지 않는 사랑은 참사랑이 아니다.
제재 : 구호(口號), 관념, 불우한 사람 증가
구성 : 3단 구성

① 날이 갈수록 사랑이 고갈되어 사회 운동이 필요하다.
② 사랑의 실천은 이성에 호소하는 것이 더 효과적이다.
③ 입으로는 사랑을 외치지만 행동으로 옮기는 이는 적다.
④ 현재 정부의 사회복지 정책은 현실적으로 한계가 있다.

GUIDE

주제와 주제문을 볼 때 사랑은 실천임을 말하고자 하는 것을 알 수 있다. 따라서 '입으로는 사랑을 외치지만 행동으로 옮기는 이는 적다.'라는 상황을 제시하여 논지를 이끌어 나가는 것이 적절하다.

※ 문맥상 밑줄 친 부분에 올 문장으로 적절한 것을 고르시오. 【40~43】

40

동양화는 형상 기억의 관찰 방법을 강조한다. 형상 기억의 방법은 대상의 복잡함과 우연히 발생하는 잡다한 사항에 국한됨이 없이 자연스럽게 대상을 생동감 있게 표현할 수 있기 때문이다. 기억 속의 형상은 대상의 특징을 가장 잘 나타내는 부분들로, 화가의 머리속에서 종합되고 개괄되어 복잡하고 미세한 부분들이 제거된 상태이다. 역대 화조화가들이 그렇게 화조(花鳥)의 자태를 훌륭히 표현해 내고, 풀과 벌레의 느낌을 잘 묘사할 수 있었던 것도 바로 대상을 떠나 그림을 그린 것과 관련이 있다. 만약 새나 벌레들을 정물처럼 앞에 놓고 그렸다면 빛에 의한 명암이나 형태 등은 털 하나의 착오도 없이 그려낼 수 있을지 모르나 ___________________________

① 대상을 세세히 묘사할 수는 없었을 것이다.
② 대상의 아름다움을 생생하게 묘사할 수 없었을 것이다.
③ 진정 생동하는 작품을 그려낼 수 없었을 것이다.
④ 여백의 미를 충분히 살리지 못했을 것이다.

GUIDE

형상 기억의 방법은 대상을 생동감 있게 표현하는 것이므로 ③이 들어가는 것이 가장 적절하다.

41

___________________________ 아마 대부분의 사람들은 언어라고 대답할 것이다. 동물들도 비록 그들 나름의 교신 체계를 가지고 있지만, 인간의 언어와 같은 의사소통 도구는 가지고 있지 못하다. 인간 이외의 동물 중에서 가장 높은 지능을 지닌 영장류에 해당하는 침팬지에게 언어를 가르쳐 보았지만, 인간들이 언어를 완벽하게 습득하는 것과는 전혀 비교가 되지 않았다. 그러나 인간으로 태어난 사람은 어린 시절 누구나 몇 년도 안 되어 자신의 모어를 유창하게 사용할 정도가 된다.

① 인간과 다른 동물을 구별 짓는 가장 중요한 특징은 무엇일까?
② 인간 이외의 동물들은 어떤 방법으로 의사소통을 할까?
③ 인간만이 언어를 사용할 수 있는 이유는 무엇일까?
④ 인간과 다른 동물들이 의사소통할 수 있는 방법은 없을까?

이후의 문장들을 통해 인간은 언어를 사용하고 그 외의 동물들을 그렇지 않음을 이야기하고 있으므로 빈 칸에 들어갈 문장은 ①이 가장 적절하다.

42

> "아프냐? 나도 아프다."라는 말에서처럼, 나는 다른 사람이 아픔을 느낀다는 것을 그의 말이나 행동으로 알고, 그 아픔을 함께 나눌 수도 있다. 하지만 그의 아픔이 정말로 나의 아픔과 같은 것인지 묻는 것은 다른 문제다.
> 이 문제에 대한 고전적인 해결책은 유추의 방법을 사용하는 것이다. 나는 손가락을 베였을 때 느끼는 아픔을 "아야!"라는 말이나 움츠리는 행동을 통해 나타낸다. 그래서 다른 사람도 그러하리라 전제하고는, 다른 사람이 나와 같은 말이나 행동을 하면 '저 친구도 나와 같은 아픔을 느꼈겠군.'하고 추론한다. 말이나 행동의 동일성이 느낌의 동일성을 보장한다는 것이다.
> 그러나 이 논증의 결정적인 단점은 _______________________

① 인간의 모든 심리변화를 관찰할 수 있다는 점이다.
② 다른 사람의 느낌을 직접 관찰하는 것은 불가능하다는 것이다.
③ 다른 사람의 뉴런 발화를 비교하여 그것이 같은지 다른지 판단할 수 있다는 것이다.
④ 나의 경험에만 의지하여 다른 사람도 나와 같은 아픔을 느낀다고 판단한다는 것이다.

④ 문맥상 '느낌의 동일성'이 모두에게 해당되는 것은 아니라는 내용이 들어가야 적절하다.

43

「운영전」의 액자 속 이야기는 주인공이 서술한 것이어서, 서사는 운영과 김 진사의 시선에 포착된 현실을 중심으로 전개된다. 예컨대 운영을 포함한 궁녀들을 억압하는 '대군'은 그들에게 베푼 은혜로 인해 악인으로 단정되지 않는 반면, 음모를 꾸민 '특'은 간교한 인물로만 부각된다. 이런 인물들의 개입으로 인해 금지된 사랑을 하는 주인공의 위기도 여느 고전 소설과 달리 현실적 긴장감을 띠게 된다. 이로써 _______________

① 이 소설은 현실의 문제를 보다 첨예하게 드러낸다.
② 이 소설은 아름다운 마무리를 지을 수 있다.
③ 이 소설은 가상공간에서 벌어지는 사건의 묘미를 극대화시킨다.
④ 이 소설은 당대 최고의 문학 작품이 되었다.

GUIDE

① 운영과 김 진사 외에 대군과 특이라는 인물의 개입으로 인한 현실적 긴장감을 느낄 수 있고 이를 통해 현실의 문제가 더 첨예하게 드러난다는 말이 나와야 한다.

44 케팔로스의 주장에 대한 소크라테스의 대응 논리는?

케팔로스 : 정의로움이라는 덕목은 아주 간단한 것이네. 누군가에게 받은 것이 있다면 이를 되돌려 주는 것이 정의라네.
소크라테스 : 존경하는 케팔로스님! 저는 그렇게 생각하지 않습니다. 어르신 말씀대로라면 동일한 일이 때로는 정의롭고 때로는 정의롭지 못하게 됩니다. 친구에게 칼을 빌렸는데, 그 친구가 사람을 죽이기 위해 칼을 돌려달라고 했을 때 그것을 돌려주는 사람을 정의로운 사람이라고 말하지는 않습니다.

① 반례 찾기   ② 차이점 찾기
③ 일반화하기   ④ 상식에 호소하기

GUIDE

정의로움에 대한 반대의 주장을 펼치며 예를 들고 있다.

45 다음 문단 뒤에 이어질 글의 내용으로 적절한 것은?

> 적외선은 온도에 민감하며, 연기나 먼지 심지어 얇은 물체도 잘 투과한다. 보통 별의 생성은 성간 물질인 분자 구름 속에서 일어난다. 그런데 가시광선은 분자 구름과 같은 기체를 잘 투과하지 못하기 때문에 적외선에서의 관측이 필요하다. 우주 팽창으로 인해 지구로부터 멀리 떨어져 있는 별일수록 빛이 긴 파장 쪽으로 전이하게 된다. 이 역시 적외선으로 관측해야 한다. 그런데 이러한 적외선을 이용한 우주 망원경은 열에 민감하기 때문에 엄청난 양과 무게의 냉각 장치가 필요하다는 단점이 있다.

① 적외선, 자외선, 가시광선 등 태양광의 종류
② 별의 생성에 대한 다양한 학설
③ 가시광선의 다양한 특성
④ 적외선을 이용한 우주 망원경의 냉각 장치

GUIDE

④ 제시된 문단에서 '그런데 이러한 적외선을 이용한 우주 망원경은 열에 민감하기 때문에 엄청난 양과 무게의 냉각 장치가 필요하다는 단점이 있다.'라고 화제를 제시하고 있다.

ANSWER 43.① 44.① 45.④

46 지문에 대한 반론으로 부적절한 것은?

> 사람들이 '영어 공용화'의 효용성에 대해서 말하면서 가장 많이 언급하는 것이 영어 능력의 향상이다. 그러나 영어 공용화를 한다고 해서 그것이 바로 영어 능력의 향상으로 이어지는 것은 아니다. 영어 공용화의 효과는 두 세대 정도 지나야 드러나며 교육제도 개선 등 부단한 노력이 필요하다. 오히려 영어를 공용화하지 않은 노르웨이, 핀란드, 네덜란드 등에서 체계적인 영어 교육을 통해 뛰어난 영어 구사자를 만들어 내고 있다.

① 필리핀, 싱가포르 등 영어 공용화 국가에서는 영어 교육의 실효성이 별로 없다.

② 우리나라는 노르웨이, 핀란드, 네덜란드 등과 언어의 문화나 역사가 다르다.

③ 영어 공용화를 하지 않으면 영어 교육을 위해 훨씬 많은 비용을 지불해야 한다.

④ 체계적인 영어 교육을 하는 일본에서는 뛰어난 영어 구사자를 발견하기 힘들다.

GUIDE

제시된 글은 영어 공용화에 대한 부정적인 입장이므로 반론은 영어 공용화에 대한 긍정적인 입장에서 근거를 제시해야 한다. ①은 영어 공용화에 대한 부정적 입장이다.

 다음 글의 서술 방식에 대한 설명으로 옳지 않은 것은?

> 글로벌 광고란 특정 국가의 제품이나 서비스의 광고주가 자국 외의 외국에 거주하는 소비자들을 대상으로 하는 광고를 말한다. 브랜드의 국적이 갈수록 무의미해지고 문화권에 따라 차이가 나는 상황에서, 소비자의 문화적 차이는 글로벌 소비자 행동에 막대한 영향을 미친다고 할 수 있다. 또한 점차 지구촌 시대가 열리면서 글로벌 광고의 중요성은 더 커지고 있다. 비교문화연구자 드 무이는 "글로벌한 제품은 있을 수 있지만 완벽히 글로벌한 인간은 있을 수 없다"고 말하기도 했다. 오랫동안 글로벌 광고 전문가들은 광고에서 감성 소구 방법이 이성 소구에 비해 세계인에게 보편적으로 받아들여진다고 생각해 왔지만 특정 문화권의 감정을 다른 문화권에 적용하면 동일한 효과를 얻기 어렵다는 사실이 속속 밝혀지고 있다. 일찍이 홉스테드는 문화권에 따른 문화적 가치관의 다섯 가지 차원을 제시했는데 권력 거리, 개인주의-집단주의, 남성성-여성성, 불확실성의 회피, 장기지향성이 그것이다. 그리고 이 다섯 가지 차원은 국가 간 비교 문화의 맥락에서 글로벌 광고 전략을 전개할 때 반드시 고려해야 하는 기본 전제가 된다. 그렇다면 글로벌 광고의 표현 기법에는 어떤 것들이 있을까? 글로벌 광고의 보편적 표현 기법은 크게 공개 기법, 진열 기법, 연상전이 기법, 수업 기법, 드라마 기법, 오락 기법, 상상 기법, 특수효과 기법 등 여덟 가지로 나눌 수 있다.

① 용어의 정의를 통해 논지에 대한 독자의 이해를 돕고 있다.
② 기존의 주장을 반박하는 방식으로 논지를 펼치고 있다.
③ 의문문을 사용함으로써 독자들로 하여금 호기심을 유발시키고 있다.
④ 전문가의 말을 인용함으로써 독자들로 하여금 글의 신뢰성으로 높이고 있다.

GUIDE

② 윗글에서는 기존의 주장을 반박하는 방식의 서술 방식은 찾아볼 수 없다.

※ 다음 보기에 주어진 단어의 관계가 다른 하나를 고르시오. 【48~50】

48 ① 세상 – 누리　　　　　　② 강 – 가람
③ 은하수 – 미리내　　　　④ 고향 – 본고장

GUIDE

①②③ 한자어–순우리말
④ 본고장은 순우리말이 아니라 한자어 접두사가 붙은 파생어이다.

49 ① 연필 – 붓　　　　　　② 교사 – 운동선수
③ 의사 – 환자　　　　　④ 피아노 – 바이올린

GUIDE

①②④ 필기구, 직업, 악기라는 상위어에 속한 단어로 묶인 것
③ 의사와 환자는 의사가 진료를 하고 환자가 진료를 받는 제공자–수혜자 관계이다.

50 ① 친숙–생소　　　　　　② 취득–유실
③ 이동–고정　　　　　④ 앙양–고취

GUIDE

④ 유의관계
①②③ 반의관계

※ 다음 제시된 단어 또는 문장과 유사한 의미를 가진 단어를 고르시오. 【51~53】

51

고무(鼓舞)

① 격분   ② 격려
③ 감사   ④ 감동

GUIDE

고무(鼓舞) … 힘을 내도록 격려하여 용기를 북돋우다.
① 몹시 분하고 노여운 감정이 북받쳐 오르다.
③ 고맙게 여김. 또는 그런 마음
④ 크게 느끼어 마음이 움직임

52

개명(開明)

① 계발   ② 개빙
③ 개척   ④ 계획

GUIDE

개명(開明) … 지혜가 계발되고 문화가 발달하여 새로운 사상, 문물 따위를 가지게 되다.
② 문 따위를 열어 자유롭게 다니게 함. 또는 금하던 것을 풀고 자유롭게 드나들거나 교류하게 함.
③ 거친 땅을 일구어 쓸모 있는 땅으로 만듦. 또는 새로운 영역 등을 처음으로 열어 나감.
④ 앞으로 할 일의 방법, 과정 따위를 미리 헤아려 정함.

53

> 변변하지 않은 음식의 맛이 제법 구수하여 먹을 만하다.

① 구뜰하다   ② 꾸덕꾸덕하다
③ 수더분하다   ④ 푼푼하다

GUIDE

② 거죽의 물기가 좀 마르거나 얼어서 꽤 굳어 있다.
③ 성질이 까다롭지 아니하여 순하고 무던하다.
④ 모자람이 없이 넉넉하다. 또는 옹졸하지 않고 너그럽다.

※ 다음 중 밑줄 친 단어와 유사한 의미를 지닌 단어를 고르시오. 【54~55】

54

> 혼자서 <u>감당(堪當)</u>하기에는 일이 너무 많다.

① 살피다   ② 감사하다
③ 처리하다   ④ 애틋해 하다

GUIDE

감당(堪當)하다 ⋯ 일을 맡아서 능히 당해 내다.

55

> 그는 하는 행동이 <u>경망(輕妄)</u>하여 주의를 받곤 한다.

① 오감스럽다   ② 다투다
③ 여유없다   ④ 경시(輕視)하다

GUIDE

경망(輕妄)하다 ⋯ 말이나 행동이 경솔하고 방정맞다.
① 말과 행동이 괴벽하며, 경망스러운 데가 있다.
④ 대수롭지 않게 보거나 업신여기다.

※ 제시된 단어와 같은 관계인 것을 고르시오. 【56~63】

56

> 쟁기 : 농기구

① 나비 : 곤충　　　　　　② 꿀 : 물
③ 꽃 : 흙　　　　　　　　④ 벌 : 무당벌레

GUIDE

농기구는 쟁기의 상위 개념으로 쟁기를 포함한다. 곤충은 나비의 상위어이다.

57

> 밀가루 : 빵

① 사탕 : 초콜릿　　　　　② 우유 : 버터
③ 이불 : 베개　　　　　　④ 겨울 : 여름

GUIDE

밀가루는 빵의 원료이다. 우유는 버터의 원료이다.

58

> 영예 : 굴욕

① 우직 : 고지식　　　　　② 비겁 : 야비
③ 당착 : 모순　　　　　　④ 고상 : 저속

GUIDE

영광스러운 명예를 의미하는 '영예'와 남에게 억눌리어 업신여김을 받음을 의미하는 '굴욕'은 서로 반의어
관계이다.
㉠ **고상(高尚)** : 품위나 몸가짐이 속되지 아니하고 훌륭함
㉡ **저속(低俗)** : 품위가 낮고 속됨

ANSWER ▶ 53.① 54.③ 55.① 56.① 57.② 58.④

59

백부 : 큰아버지

① 국가 : 국민　　　　　　　② 근간 : 핵심
③ 공헌 : 방해　　　　　　　④ 군림 : 노예

백부…둘 이상의 아버지의 형 가운데 맏이가 되는 형을 이르는 말(=큰아버지)
㉠ **근간**(根幹) : 사물의 바탕이나 중심이 되는 중요한 것
㉡ **핵심**(核心) : 사물의 가장 중심이 되는 부분

60

기술 : 묘사

① 차례 : 순서　　　　　　　② 예술 : 연극
③ 된장 : 간장　　　　　　　④ 상승 : 하강

제시된 단어는 유의관계를 가진다.
① 유의관계 ② 상하관계 ③ 대등관계 ④ 반의관계

61

돋보기 : 눈

① 보청기 : 귀　　　　　　　② 중이염 : 귀
③ 마스크 : 입　　　　　　　④ 안대 : 눈

① 신체기관과 그 기능을 도와주는 도구와의 관계이다.

62

> 대범하다 : 옹졸하다

① 척박하다 : 비옥하다   ② 메마르다 : 가물다
③ 거칠다 : 사납다   ④ 천하다 : 평범하다

GUIDE

대범하다와 옹졸하다는 반의어 관계이며, 척박하다는 '땅이 몹시 메마르고 기름지지 못함'을 이르는 말로 '땅이 걸고 기름지다'는 뜻인 비옥하다와 반의어이다.

63

> 통합 : 합병

① 애국 : 매국   ② 장애 : 비장애
③ 애도 : 애상   ④ 불만 : 만족

GUIDE

통합과 합병은 동의어 관계이며, 애도는 사람의 죽음을 슬퍼함을 의미한다.
③ 애상(哀傷)은 죽은 사람을 생각하며 마음이 상함을 의미한다.

※ 제시된 단어와 같은 관계가 되도록 빈칸에 들어갈 가장 적절한 단어를 고르시오. 【64~67】

64

탁구 : 공 = 요리 : ( )

① 음식 ② 주걱

③ 요리사 ④ 라켓

GUIDE

탁구를 하기 위해 필요한 도구가 공이다.
보기 중 요리를 하기 위해 필요한 도구는 주걱이다.

65

배우자 : ( ) = 상자 : 박스

① 지아비 ② 반려자

③ 마누라 ④ 영감

GUIDE

상자와 박스는 유의어이다. 배우자는 '짝이 되는 사람'을 의미하는 단어로 남녀의 구분이 없다. 따라서 배우자와 유의관계인 단어는 반려자이다.
① 웃어른 앞에서 자기 남편을 낮추어 이르는 말
③ 중년이 넘은 아내를 허물없이 이르는 말
④ 나이 든 부부 사이에서 아내가 그 남편을 이르거나 부르는 말

66

홍수 : 비 = 지각 : (　　)

① 늦잠
② 체벌
③ 학교
④ 조바심

비는 홍수의 원인 중 하나이고, 늦잠은 지각의 원인 중 하나이다.

67

달력 : 날짜 = 시계 : (　　)

① 시간
② 팔찌
③ 자명종
④ 알람

달력으로는 날짜를 확인할 수 있고, 시계로는 시간을 확인할 수 있다.

※ 다음 글을 읽고 물음에 답하시오. 【68~70】

일반적으로 문화는 '생활양식' 또는 '인류의 진화로 이룩된 모든 것'이라는 포괄적인 개념을 갖고 있다. 이렇게 본다면 언어는 문화의 하위 개념에 속하는 것이다. 그러나 언어는 문화의 하위 개념에 속하면서도 문화 자체를 표현하여 그것을 전파, 전승하는 기능도 한다. 이로 보아 언어에는 그것을 사용하는 민족의 문화와 세계 인식이 녹아 있다고 할 수 있다.

(가) 가령 '사촌'이라고 할 때, 영어에서는 'cousin'으로 이를 통칭(通稱)하는 것을 우리말에서는 친·외·고종·이종 등으로 구분하고 있다. 친족 관계에 대한 표현에서 우리말이 영어보다 좀 더 섬세하게 되어 있는 것이다. 이것은 친족 관계를 좀 더 자세히 표현하여 차별 내지 분별하려 한 우리 문화와 그것을 필요로 하지 않는 영어권 문화의 차이에서 기인한 것이다.

문화에 따른 이러한 언어의 차이는 낱말에서만이 아니라 어순(語順)에서도 나타난다. 우리말은 영어와 주술 구조가 다르다. 우리는 주어 다음에 목적어, 그 뒤에 서술어가 온다. 이에 비해 영어에서는 주어 다음에 서술어, 그 뒤에 목적어가 온다. 우리말의 경우 '나는 너를 사랑한다.'라고 할 때, '나'와 '너'를 먼저 밝히고 그 다음에 '나의 생각'을 밝히는 것에 비하여, 영어에서는 '나'가 나오고 그 다음에 '나의 생각'이 나온 뒤에 목적어인 '너'가 나온다. 이러한 어순의 차이는 결국 나의 의사보다 상대방에 대한 관심을 먼저 보이는 우리들과, 나의 의사를 밝히는 것이 먼저인 영어를 사용하는 사람들의 문화 차이에서 기인한 것이다.

대화를 할 때 다른 사람을 대우하는 것에서도 이런 점을 발견할 수 있다. 손자가 할아버지에게 무엇을 부탁하는 경우를 생각해 보자. 이 경우 영어에서는 'You do it, please.'라고 하고, 우리말에서는 '할아버지께서 해 주세요.'라고 한다. 영어에서는 상대방이 누구냐에 관계없이 상대방을 가리킬 때 'You'라는 지칭어를 사용하고, 서술어로는 'do'를 사용한다. 그런데 우리말에서는 상대방을 가리킬 때, 무조건 영어의 'You'에 대응하는 '당신(너)'이라는 말만을 쓰는 것은 아니고 상대에 따라 지칭어를 달리 사용한다. 뿐만 아니라, 영어의 'do'에 대응하는 서술어도 상대에 따라 '해 주어라, 해 주게, 해 주오, 해 주십시오, 해 줘, 해 줘요'로 높임의 표현을 달리한다. 이는 우리말이 서열을 중시하는 전통적인 유교 문화를 반영하고 있기 때문이다.

언어는 단순한 음성 기호 이상의 의미를 지니고 있다. 앞의 예에서 알 수 있듯이 언어에는 그 언어를 사용하는 민족의 문화가 용해되어 있다. 따라서 우리 민족이 한국어라는 구체적인 언어를 사용한다는 것은 단순히 지구상에 있는 여러 언어 가운데 개별 언어 한 가지를 쓴다는 사실만을 의미하지는 않는다. 한국어에는 우리 민족의 문화와 세계 인식이 녹아 있기 때문이다. 따라서 우리말에 대한 애정은 우리 문화에 대한 사랑이요, 우리의 정체성을 살릴 수 있는 길일 것이다.

68 윗글의 내용과 일치하지 않는 것은?

① 문화의 하위 개념인 언어는 문화와 밀접한 관련이 있다.
② 영어에 비해 우리말은 친족 관계를 나타내는 표현이 다양하다.
③ 우리말에 높임 표현이 발달한 것은 서열을 중시하는 문화가 반영된 것이다.
④ 우리말의 문장 표현에서는 상대방에 대한 관심보다는 나의 생각을 우선시한다.

④ 우리말의 경우 '나'와 '너'를 먼저 밝히고 그 다음에 '나의 생각'을 밝히는 것에 비하여, 영어에서는 '나'가 나오고 그 다음에 '나의 생각'이 나온 뒤에 목적어인 '너'가 나오는 어순의 차이는 나의 의사보다 상대방에 대한 관심을 먼저 보이는 우리들과, 나의 의사를 밝히는 것이 먼저인 영어를 사용하는 사람들의 문화 차이에서 기인한 것이라고 언급되어있다. 우리말의 문장 표현에서는 나의 생각보다 상대방에 대한 관심을 우선시한다고 볼 수 있다.

69 본문의 글쓴이가 다음의 글에 대한 입장을 밝힌다고 할 때, 가장 적절한 것은?

> 세계화 시대에 영어를 모르면 국제 사회에서 제대로 활동하기 어렵습니다. 특히 수출이 경제 활동의 근간인 우리나라의 경우 영어를 못하면 곤란한 문제가 발생할 수 있습니다. 우리나라 사람들에게 영어는 선택이 아니라 필수라 생각합니다. 따라서 이제는 영어를 공용어로 삼아야 합니다.

① 언어를 사용하는 것도 시대의 변화에 발맞춰야 한다고 생각합니다. 그러기에 당신의 견해도 일리가 있습니다.

② 영어를 공용어로 삼는다면 외국인들도 쉽게 우리 문화에 접근할 수 있다는 전에서 당신의 주장에 찬성합니다.

③ 언어는 단순히 의사 표현의 수단에 불과한 것이 아닙니다. 당신 말대로 했다가는 우리의 민족 문화는 위태로워질 겁니다.

④ 영어를 공용어로 채택할 것인지 말 것인지는 한두 사람의 생각에 달려 있는 것이 아니라 국민 대다수의 생각에 달려 있습니다.

윗글에서는 세계화 시대에 영어를 모르면 국제 사회에서 제대로 활동하기 어렵다며 영어를 공용어로 삼아야 한다고 주장하고 있다. 그런데 본문의 글쓴이는 우리말에는 우리 민족의 문화와 세계 인식이 녹아 있기 때문에 우리말에 대한 애정은 우리 문화를 사랑하고 우리의 정체성을 살릴 수 있는 길이라고 주장하고 있다. 따라서 언어는 단순히 의사 표현의 수단에 불과한 것이 아니기 때문에 영어를 공용어로 삼으면 우리 민족 문화는 위태로워질 것이라는 ③이 정답이다.

70 ㈎와 유사한 예를 추가한다고 할 때, 가장 적절한 것은?

① 우리가 '집'이라 부르는 것을 미국인들은 'house', 중국인들은 '家', 프랑스인들은 'maison'
이라는 말로 지칭한다.

② 쌀을 주식으로 했던 우리는 '쌀', '벼', '밥'을 구별해서 사용하지만, 그렇지 않았던 영
어권에서는 이를 뜻하는 단어로 'rice' 하나만을 사용한다.

③ 우리말 '섬'을 중세 국어에서는 '셤[셤]', 고대 일본어에서는 'しま[시마]'로 발음하였다.
이로 보아 우리말과 일본어는 친근 관계에 있음을 알 수 있다.

④ 영어의 'milk'는 1음절 어휘인데, 우리말은 음절 구조상 음절의 끝소리에 자음과 자음
이 연속하여 올 수 없다. 따라서 우리말에서는 모음 '_'를 첨가하여 2음절인 '[밀크]'
라고 발음한다.

GUIDE

㈎는 우리 문화가 친족 관계를 좀 더 자세히 표현하여 분별하려 하기 때문에 친족 관계에 대한 표현에서
우리말이 영어보다 좀 더 섬세하게 되어 있다는 내용이다. 이와 유사한 예를 추가한다고 할 때 쌀을 주식
으로 했던 우리는 '쌀', '벼', '밥'이라는 말을 구별해서 사용하지만, 그렇지 않았던 영어권에서는 'rice' 하나
의 말만을 사용한다는 ②가 적절하다.

※ 주어진 지문을 읽고 다음에 제시된 문장이 참이면 ①, 거짓이면 ②, 주어진 지문으로 알 수 없으면 ③을 선택하시오. 【71~90】

71

중세 유럽사회에서는 지구가 가만히 있고 태양이 지구 주위를 돌고 있다는 천동설이 사람들 사이에서 정설로 인식되고 있었다. 특히 교회는 사람들에게 천동설을 가르치며 당시 지동설을 주장하던 코페르니쿠스나 갈릴레오를 억압했다. 그 중에서도 갈릴레오는 자신이 만든 망원경을 통해 지구가 태양 주위를 돌고 있다고 확신하며 자신의 주장을 책으로 펴낸 후에 종교재판을 받기까지 하였다. 이러한 지동설은 갈릴레오가 죽은 후 오랜 시간이 지나서야 비로소 정설로 받아들여졌다.

71-1 중세 유럽사회에서는 지동설을 정설로 받아들였다.   ① ② ③

71-2 지동설이 정설로 받아들여지기까지는 많은 우여곡절이 있었다.   ① ② ③

71-3 교회는 종교적인 이유로 사람들에게 천동설을 가르쳤다.   ① ② ③

GUIDE

71-1 중세 유럽사회에서는 지동설이 아닌 천동설을 정설로 받아들였다.

71-2 코페르니쿠스나 갈릴레오와 같은 사람들이 억압을 당하기도 하고 종교재판이 열리기도 하는 등 많은 우여곡절이 있었다

71-3 교회가 사람들에게 천동설을 가르치기는 했지만 그 이유가 종교적인 이유인지는 알 수 없다.

올림픽에서 금메달을 따는 것은 모든 운동선수들의 꿈일 것이다. 누구는 명예를 위해서 또 누구는 군 면제를 받기 위해서 모든 선수들은 4년간 피땀을 흘려가며 열심히 준비를 한다. 하지만 올림픽에서 금메달을 딴다는 것은 하늘의 별따기라는 말이 있다. 그만큼 어렵다는 뜻이다. 전 세계 가장 뛰어난 선수들이 서로 자신의 기량을 마음껏 뽐내기 때문에 어설프게 잘하거나 마음만 앞선다고 올림픽 금메달의 주인공이 되는 것은 아니다.

72-1 모든 운동선수들은 올림픽에서 금메달의 주인공이 되기를 희망한다.　① ② ③

72-2 올림픽 금메달은 메달을 따겠다는 굳은 마음만 있다면 누구든지 딸 수 있다.　① ② ③

72-3 지금까지 올림픽에서 가장 메달을 많이 딴 나라는 미국이다.　① ② ③

GUIDE

72-1 제시문 첫째 줄에 있는 '올림픽에서 금메달을 따는 것은 모든 운동선수들의 꿈일 것이다.'라는 부분을 통해 알 수 있다.

72-2 제시문 셋째 줄에 있는 '올림픽에서 금메달을 딴다는 것은 하늘의 별따기라는 말이 있다.'라는 부분을 통해 올림픽 금메달을 따는 것이 쉽지 않음을 알 수 있다.

72-3 위 제시문을 통해서는 정확히 알 수 없다.

우리나라 신문들에는 기이한 언어사용법이 있다. 한 가지 예로, 한국이 어떤 정치, 군사적 제의를 하면 '평화적 결단'이고, 같은 결단을 소련이나 북한이 하면 으레 '평화 공세'가 된다. 소련과 공산국가들이 미국이나 서방국가들의 대응조치 없이, 일방적이고 자발적인 군축조치를 취해도 '평화 공세'로 부정된다. 반면에 미국이 '공격'용 군사력을 강화하면 '방위적' 조치로 둔갑한다.

73-1 우리나라 신문들에는 한국이 어떤 정치, 군사적 제의를 하면 '평화 공세'라는 표현을 쓴다.

① ② ③

73-2 우리나라 신문들에는 일본이 어떤 정치, 군사적 제의를 하면 '평화 공세'라는 표현을 쓴다.

① ② ③

73-3 우리나라 신문에서는 소련이 공격용 군사력을 강화할 경우 방위적 조치라는 표현을 쓴다.

① ② ③

GUIDE

73-1 우리나라 신문들에는 한국이 어떤 정치, 군사적 제의를 하면 '평화적 결단'이라는 표현을 쓴다.

73-2 이 글에서는 일본의 정치, 군사적 제의에 따른 우리나라 신문들의 언어사용에 대한 언급은 없다.

73-3 우리나라 신문에서는 미국이 공격용 군사력을 강화할 경우 방위적 조치라는 표현을 쓴다.

ANSWER ▶ 72-1.① 72-2.② 72-3.③ 73-1.② 73-2.③ 73-3.②

용언은 어간과 어미로 이루어진다. 일반적으로 용언이 활용할 때 변하지 않는 부분을 어간이라 하고 변하는 부분을 어미라 한다. 용언은 서술어뿐 아니라 주어, 목적어, 관형어, 부사어 등 여러 문장 성분으로 쓰이면서 다양한 문법적 기능을 한다. 이러한 문법적 기능은 주로 어미에 의하여 나타나게 되므로 국어 문법 연구에서 어미의 특성을 이해하는 것은 매우 중요하다.

어미의 특성을 이해하기 위해서는 어미를 그와 유사한 것들과 함께 살펴볼 필요가 있다. 먼저, 조사와 비교해 볼 때 어미와 조사는 모두 홀로 쓰일 수 없다는 공통점이 있다. 그런데 어미는 항상 어간과 결합하여 쓰이므로 그 선행 요소인 어간도 독립적으로 쓰일 수 없다. 이러한 점을 고려하여 학교 문법에서는 어미를 단어로 인정하지 않고 그에 따라 별도의 품사로 설정하지 않는다. 따라서 '어간+어미' 전체가 한 단어로 취급된다. 이에 반해 조사는 홀로 쓰이지는 못하지만 조사의 앞에 결합하는 요소(주로 체언)가 단독으로 쓰일 수 있고 문맥에 따라 조사의 생략도 가능하므로 선행 요소와 분리되기가 쉽다. 이 점을 고려하여 조사는 단어로 인정하여 별도의 품사로 설정한다.

홀로 쓰이지 못한다는 공통점은 어미와 접미사 사이에서도 발견된다. 더욱이 접미사 중에는 어간 뒤에 결합하는 것들이 있어 어미와 혼동을 불러일으키기도 한다. 그러나 어미와 접미사는 새로운 단어를 생성하는지 여부로 구별할 수 있다. '읽었고, 읽겠습니다, 읽었느냐, ……'와 같이 용언 어간 '읽-'에 어떤 어미들이 결합하더라도 그것은 '읽다'라는 한 단어의 활용형일 뿐 새로운 단어가 만들어지는 것은 아니다. 활용형들은 별도의 단어가 아니므로 일일이 사전에 등재하지 않으며, 활용형 중 어간에 평서형 종결 어미 '-다'를 결합한 것을 기본형이라 하여 이것만을 사전에 표제어로 등재한다. 이에 반해 접미사는 어미와 달리 새로운 단어를 파생시키며 이 단어는 사전에 등재한다. 파생된 단어의 품사가 파생 이전과 달라지는 경우도 있다. 가령 동사 어간 '먹-'에 사동 접미사 '-이-'가 결합하면 '먹이다'라는 새로운 동사가 만들어지는데, 이때는 파생 전과 후가 모두 동사여서 품사가 바뀌지 않는다. 하지만 명사 파생 접미사 '-이'가 결합하면 '먹이'라는 명사가 되어 품사가 바뀐다. 또한 어미는 대부분의 용언 어간과 결합할 수 있는 데 비해 접미사는 결합할 수 있는 대상이 제한된다는 점에서도 차이를 보인다.

74-1 조사는 조사의 앞에 결합하는 요소가 단독으로 쓰일 수 있지만, 선행 요소와 분리되기는 어렵다.
　　① ② ③

74-2 어미와 접미사는 홀로 쓰일 수 없다.　　① ② ③

74-3 단어의 기본형과 활용형은 모두 사전에 등재된다.　　① ② ③

GUIDE

74-1 조사는 홀로 쓰이지는 못하지만 조사의 앞에 결합하는 요소(주로 체언)가 단독으로 쓰일 수 있고 문맥에 따라 조사의 생략도 가능하므로 선행 요소와 분리되기가 쉽다.

74-2 홀로 쓰이지 못한다는 공통점은 어미와 접미사 사이에서도 발견된다.

74-3 활용형들은 별도의 단어가 아니므로 일일이 사전에 등재하지 않으며, 활용형 중 어간에 평서형 종결 어미 '-다'를 결합한 것을 기본형이라 하여 이것만을 사전에 표제어로 등재한다.

로키 산맥의 빙하가 줄어들면서 프레리 강과 미스타야 강 등 로키 산맥에서 발원한 강의 수량에도 변화가 생기고 있다. 현재 이들 강은 겨울에 내린 눈이 쌓여 빙하를 형성하지 못한 채 일찍 녹으면서 봄철 수량이 크게 늘었다. 빙하가 일찍 녹는 바람에 강물이 불어나야 할 여름에 오히려 수량이 급격히 줄어드는 현상이 빚어졌다. 이런 현상이 이어질 경우 봄에는 홍수, 여름엔 가뭄 같은 재난이 나타나고, 인근의 수력 발전 댐이 쓸모가 없어지면서 전력 부족 현상이 불가피할 것이란 전망이 나왔다.

75-1 현재 프레리 강은 봄철 수량이 크게 줄어든 데 반해 미스타야 강은 겨울에 내린 눈이 쌓여 빙하를 형성하지 못한 채 일찍 녹으면서 봄철 수량이 크게 늘었다.　① ② ③

75-2 빙하가 일찍 녹는 바람에 결국 여름에 홍수가 잦아졌다.　① ② ③

75-3 지구 온난화 현상으로 인하여 빙하가 녹고 있다.　① ② ③

GUIDE

75-1 현재 프레리 강과 미스타야 강은 겨울에 내린 눈이 쌓여 빙하를 형성하지 못한 채 일찍 녹으면서 봄철 수량이 크게 늘었다.

75-2 빙하가 일찍 녹는 바람에 강물이 불어나야 할 여름에 오히려 수량이 급격히 줄어드는 현상이 빚어졌다.

75-3 제시문에서는 빙하가 녹은 이후의 현상에 대한 언급만 있을 뿐 그 원인에 대한 내용은 없다.

76

초가는 20세기 중반 이후까지 서민들의 변함없는 주거 공간이었다. 그렇게 된 데에는 경제적으로 여유가 없었던 서민들에게 짚이 쉽게 구할 수 있는 재료였다는 사실이 크게 작용했다. 하지만 무엇보다 중요한 사실은 짚의 재질이 우수했기 때문에 오랫동안 초가지붕이 사랑을 받았다는 것이다.

76-1 초가는 21세기까지 서민들의 변함없는 주거 공간이다.　① ② ③

76-2 초가가 서민들의 주거 공간이 될 수 있었던 것은 서민들에게 짚이 쉽게 구할 수 있는 재료였기 때문이다.　① ② ③

76-3 조선시대 실학파들은, 초가지붕은 불이 날 염려가 클 뿐만 아니라, 썩기 쉬워서 매년 갈아 씌워야 하는 불편함이 있기 때문에 마땅히 기와로 지붕을 덮어야 한다고 주장했다.　① ② ③

GUIDE

76-1 초가는 20세기 중반 이후까지 서민들의 변함없는 주거 공간이었다.

76-2 짚의 재질의 우수성과 쉽게 구할 수 있는 재료라는 점 때문에 초가지붕은 20세기 중반 이후까지 서민들의 변함없는 주거 공간이 될 수 있었다.

76-3 지문에서는 초가지붕이 오랫동안 서민들에게 사랑받을 수 있었던 이유에 대한 내용이 있을 뿐 조선시대 실학파들의 주장은 이 글을 통해 알 수 없다.

77

모든 사람들은 새해가 되면 토정비결이나 운세를 보면서 한 해를 맞이한다. 이러한 풍습은 현대뿐만이 아니라 과거 고려, 조선 시대 때에도 있어 온 매우 유서가 깊은 전통 풍습이라 할 수 있다. 사람들은 왜 이렇게 자신의 운세나 운명을 궁금해 할까? 그것은 불확실한 미래에 대한 두려움과 궁금증 때문일 것이다. 하지만 운세는 좋은 말만 하지 않는다. 따라서 사람들은 이러한 나쁜 운세를 통해서는 미리 조심하며 자숙함으로써 그러한 나쁜 운을 피해가려고 노력한다.

77-1 사람들은 나쁜 운세가 나오면 운명이라고 생각하며 그냥 받아들인다.　① ② ③

77-2 새해에 토정비결을 보며 한 해를 시작하는 것은 우리의 오래된 풍습이다.　① ② ③

77-3 토정비결은 삼국시대 때부터 만들어진 우리나라 책이다.　① ② ③

77-1 사람들은 나쁜 운세가 나오면 그것을 피하기 위해 자숙하거나 조심한다.
77-2 제시문 두 번째 줄을 보면 알 수 있다.
77-3 위 제시문을 통해서는 토정비결이 언제 만들어졌는지 알 수 없다.

78

무인항공기는 처음에는 군사 목적으로 만들어졌다. 과거 전쟁터에서 많은 군인들이 목숨을 잃자 지휘부에서는 사람을 태우지 않은 항공기를 개발하여 전쟁터에 투입시켰던 것이다. 무인항공기가 처음 실전에 투입되었을 때 받은 첫 임무는 정찰이다. 당시 아직 기술이 발달하지 않아 적을 공격하지는 못했고 다만 적의 진지나 지형을 정찰하여 적의 동태를 살피는 것이 고작이었다. 하지만 얼마 지나지 않아 기술이 발전하고 경험이 축적되어 현재 무기를 장착하고 적의 중요 시설이나 병력을 공격하는 정밀 타격능력까지 보유하게 되었다.

78-1   무인항공기는 현재 피자 배달까지 한다.   ① ② ③

78-2   무인항공기는 많은 인명피해를 줄이고자 개발되있다.   ① ② ③

78-3   무인항공기는 처음부터 전투 임무를 수행했다.   ① ② ③

78-1 위 지문을 통해서는 알 수 없다.
78-2 위 지문의 첫째 줄을 보면 많은 군인들이 목숨을 잃자 지휘부에서 무인항공기를 개발했다고 나와 있다.
78-3 무인항공기가 처음 수행한 임무는 정찰임무이다.

ANSWER 76-1.② 76-2.① 76-3.③ 77-1.② 77-2.① 77-3.③ 78-1.③ 78-2.① 78-3.②

필수 지방산인 리놀렌산과 알파 리놀렌산은 인체에서 합성되지 않으므로 꼭 섭취해줘야 한다. 이것이 모자라면 아토피 피부염이나 성장장애 등의 부작용이 온다. 또 알파 리놀렌산(오메가3 지방산)이 부족하면 두뇌와 망막에 필요한 DHA가 부족해 학습능력과 시각기능이 떨어지게 된다. 'DHA가 머리에 좋다.'는 말은 여기에 근거한다. 그러나 과유불급이란 말처럼 전체 지방량이 신체의 25%를 넘으면 문제가 된다. 인체의 혈액이나 조직에 지방 함량이 높아지면 고혈압, 당뇨, 비만, 심장병, 뇌졸중 등 성인병이 생기며, 덩달아 유방암, 대장암, 전립선암의 발병률도 증가하게 된다.

79-1 필수 지방산인 리놀렌산과 알파 리놀렌산은 인체에서 합성되지 않는다.　① ② ③

79-2 리놀렌산과 알파 리놀렌산이 모자라면 아토피 피부염이나 성장장애 등의 부작용이 온다.
　① ② ③

79-3 오메가3 지방산이 부족하면 고혈압, 당뇨, 비만, 심장병, 뇌졸중 등 성인병이 생긴다.　① ② ③

GUIDE

79-1 필수 지방산인 리놀렌산과 알파 리놀렌산은 인체에서 합성되지 않는다.
79-2 보기의 내용은 지문과 일치한다.
79-3 전체 지방량이 신체의 25%를 넘으면, 고혈압, 당뇨, 비만, 심장병, 뇌졸중 등 성인병이 생긴다.

논증은 크게 연역과 귀납으로 나뉜다. 전제가 참이면 결론이 확실히 참인 연역 논증은 결론에서 지식이 확장되는 것처럼 보이지만, 실제로는 전제에 이미 포함된 결론을 다른 방식으로 확인하는 것일 뿐이다. 반면 귀납 논증은 전제들이 모두 참이라고 해도 결론이 확실히 참이 되는 것은 아니지만 우리의 지식을 확장해 준다는 장점이 있다. 여러 귀납 논증 중에서 가장 널리 쓰이는 것은 수많은 사례들을 관찰한 다음에 그것을 일반화하는 것이다. 우리는 수많은 까마귀를 관찰한 후에 우리가 관찰하지 않은 까마귀까지 포함하는 '모든 까마귀는 검다.'라는 새로운 지식을 얻게 되는 것이다.

철학자들은 과학자들이 귀납을 이용하기 때문에 과학적 지식에 신뢰를 보낼 수 있다고 생각했다. 그러나 모든 귀납에는 논리적인 문제가 있다. 수많은 까마귀를 관찰한 사례에 근거해서 '모든 까마귀는 검다.'라는 지식을 정당화하는 것은 합리적으로 보이지만, 아무리 치밀하게 관찰하여도 아직 관찰되지 않은 까마귀 중에서 검지 않은 까마귀가 있을 수 있기 때문이다.

포퍼는 귀납의 논리적 문제는 도저히 해결할 수 없지만, 귀납이 아닌 연역만으로 과학을 할 수 있는 방법이 있으므로 과학적 지식은 정당화될 수 있다고 주장한다. 어떤 지식이 반증 사례 때문에 거짓이 된다고 추론하는 것은 순전히 연역적인데, 과학은 이 반증에 의해 발전하기 때문이다.

80-1 수많은 까마귀를 관찰한 사례에 근거해서 '모든 까마귀는 검다.'라는 지식을 정당화하는 것은 논리석인 문제를 갖고 있다.　①②③

80-2 수많은 까마귀를 관찰한 후에 관찰하지 않은 까마귀까지 포함하는 '모든 까마귀는 검다.'라는 새로운 지식을 얻는 것은 연역 논증이다.　①②③

80-3 포퍼는 아무리 반증을 해 보려 해도 경험적인 반증이 아예 불가능한 지식은 과학적 지식이 될 수 없다고 비판했다.　①②③

GUIDE

80-1 그러나 모든 귀납에는 논리적인 문제가 있다. 수많은 까마귀를 관찰한 사례에 근거해서 '모든 까마귀는 검다.'라는 지식을 정당화하는 것은 합리적으로 보이지만, 아무리 치밀하게 관찰하여도 아직 관찰되지 않은 까마귀 중에서 검지 않은 까마귀가 있을 수 있기 때문이다.

80-2 여러 귀납 논증 중에서 가장 널리 쓰이는 것은 수많은 사례들을 관찰한 다음에 그것을 일반화하는 것이다. 우리는 수많은 까마귀를 관찰한 후에 우리가 관찰하지 않은 까마귀까지 포함하는 '모든 까마귀는 검다.'라는 새로운 지식을 얻게 되는 것이다.

80-3 위 지문을 통해서는 알 수 없다.

ANSWER ▶ 79-1.① 79-2.① 79-3.② 80-1.① 80-2.② 80-3.③

다이아몬드(J. Diamond)는 인류 역사를 인간의 진화와 생태학의 맥락에서 설명하려고 했다. 그는 인간 사회의 운명이 우연적 요인이나 인종적 요인에서 비롯되는 것이 아니라 다른 사람들의 혁신적이고 창의적인 성과물을 채택하려는 인간의 충동에서 나오는 것이며, 이 충동은 지리 및 생태계의 변화와 결합되어 있다는 가설을 제시하였다.

다이아몬드에 따르면, 1500년 경 유럽에서 발달된 과학 기술과 정치 조직이 현대 세계의 불평등을 낳았지만, 좀 더 거슬러 올라가면 이 불평등은 각 대륙의 발전 속도가 다른 것에서 유래했다. 그리고 각 대륙의 발전 속도의 이러한 차이를 가져온 것은 궁극적으로 지리 및 생태적 환경이었다. 더 나아가 그는 지리 및 생태적 요인이 인간 사회에 어떻게 영향을 미치는지를 비교적 자세히 설명하였다.

다이아몬드는 세계 최대의 대륙인 유라시아가 각 지역의 혁신적 성과물이 모이는 최대의 집결지라는 사실을 지적하였다. 상인, 체류자, 정복자들은 그것을 수집해 널리 전파시켰고, 교통 요충지에는 인구가 집중됨으로써 도시가 건설되어 다양하고 창의적인 아이디어의 발명과 확산을 가져왔다. 또한 유라시아는 남북으로 뻗은 아프리카나 남북 아메리카와 달리 동서로 뻗어 있어서, 한 지역에서 이용하는 작물과 가축이 비슷한 위도, 비슷한 기후의 다른 지역으로 쉽게 전파될 수 있었다.

81-1 현대 세계의 불평등은 해결될 수 있다.   ① ② ③

81-2 유라시아는 지리 및 생태적 요인으로 인해 빠르게 발전 할 수 있었다.   ① ② ③

81-3 다이아몬드에 따르면 인간 사회의 운명은 지리 및 생태계의 변화와 결합되어 있다.   ① ② ③

GUIDE

81-1 제시된 글만으로는 알 수 없다.

81-2 지리 및 생태적 요인이 각 대륙의 발전 속도에도 차이를 준다고 하였다. 유라시아는 지리적 요인 덕분에 빨리 발전할 수 있다는 것을 유추할 수 있다.

81-3 첫 번째 문단에서 보기의 내용과 일치하는 부분을 찾을 수 있다.

정부는 공공의 이익을 위해 정책을 기획·수행하여 유형 또는 무형의 생산물인 공공서비스를 공급한다. 공공 서비스의 특성은 배제성과 경합성의 개념으로 설명할 수 있다. 배제성은 대가를 지불하여야 사용이 가능한 성질을 말하며, 경합성은 한 사람이 서비스를 사용하면 다른 사람은 사용할 수 없는 성질을 말한다. 이러한 배제성과 경합성의 정도에 따라 공공 서비스의 특성이 결정된다. 예를 들어 국방이나 치안은 사용자가 비용을 직접 지불하지 않고 여러 사람이 한꺼번에 사용할 수 있으므로 배제성과 경합성이 모두 없다. 이에 비해 배제성은 없지만, 많은 사람이 한꺼번에 사용하는 것이 불편하여 경합성이 나타나는 경우도 있다. 무료로 이용하는 공공 도서관에서 이용자가 많아 도서 열람이나 대출이 제한될 경우가 이에 해당한다.

과거에는 공공 서비스가 경합성과 배제성이 모두 약한 사회기반 시설 공급을 중심으로 제공되었다. 이런 경우 서비스 제공에 드는 비용은 주로 세금을 비롯한 공적 재원으로 충당을 한다. 하지만 복지와 같은 개인 단위 공공 서비스에 대한 사회적 요구가 증가함에 따라 관련 공공 서비스의 다양화와 양적 확대가 이루어지고 있다. 이로 인해 정부의 관련 조직이 늘어나고 행정 업무의 전문성 및 효율성이 떨어지는 문제점이 나타나기도 한다. 이 경우 정부는 정부 조직의 규모를 확대하지 않으면서 서비스의 전문성을 강화할 수 있는 민간 위탁 제도를 도입할 수 있다. 민간 위탁이란 공익성을 유지하기 위해 서비스의 대상이나 범위에 대한 결정권과 서비스 관리의 책임을 정부가 갖되, 서비스 생산은 민간 업체에게 맡기는 것이다.

82-1 국방의 경우 배제성은 없지만 경합성이 나타난다.　①②③

82-2 민간 위탁 방식으로는 경쟁 입찰 방식, 면허 발급 방식, 보조금 지급 방식 등이 있다.　①②③

82-3 민간 위탁 제도에 의한 공공 서비스 제공의 성과는 정확히 측정하기 어려운 경우가 많아서 평가와 개선이 지속적으로 이루어지지 않으면 오히려 공익을 저해할 수 있다.　①②③

GUIDE

82-1 국방이나 치안은 사용자가 비용을 직접 지불하지 않고 여러 사람이 한꺼번에 사용할 수 있으므로 배제성과 경합성이 모두 없다.
82-2 위 지문을 통해서는 알 수 없다.
82-3 위 지문을 통해서는 알 수 없다.

조선 성리학자들은 '세계를 어떻게 바라보고, 자신이 추구하는 삶을 어떻게 실현할 것인가'하는 문제와 관련하여 지(知)와 행(行)에 깊은 관심을 기울였다. 그들은 특히 도덕적 실천과 결부하여 지와 행의 문제를 다루었는데, 그 기본적인 입장은 '지행병진(知行竝進)'이었다. 그들은 지와 행이 서로 선후(先後)가 되어 돕고 의지하면서 번갈아 앞으로 나아가는 '상자호진(相資互進)' 관계에 있다고 생각했다. 또한 만물의 이치가 마음에 본래 갖추어져 있다고 여기고 도덕적 수양을 통해 그 이치를 찾고자 하였다.

18세기에 들어 일부 실학자들은 지행론에 대해 새롭게 접근하였다. 홍대용은 지와 행의 병진을 전제하면서도, 도덕적 수양 외에 사회적 실천의 측면에서 행을 바라보았다. 그는 이용후생의 중요성을 강조하여 민생을 풍요롭게 하는데 관심을 기울였다. 그에게 지는 도덕 법칙만이 아닌 실용적인 지식을 포함하는 것이었으며, 행이 지보다 더욱 중요한 것이었다.

19세기 학자 최한기는 본격적으로 지행론을 변화시켰다. 그는 행을 생리 반응, 감각 활동, 윤리 행동을 포함하는 일체의 경험으로 이해하고, 지를 경험을 통해 얻어지는 객관적인 지식으로 규정하였다. 그는 선천적인 지식이 따로 없고 모든 지식이 경험을 통해 산출된다고 보아 '선행후지(先行後知)'를 제시하고, 행이 지보다 우선적인 것임을 강조하였다.

83-1 조선 성리학자들은 '지행병진(知行竝進)'의 입장으로 지와 행이 '상자호진(相資互進)' 관계에 있다고 생각했다.　①②③

83-2 조선 성리학자들, 실학자들, 최한기의 서로 다른 지행론은 그들의 학문 목표와 관련이 있다.　①②③

83-3 18세기 실학자들은 도덕적 수양 외에 사회적 실천의 측면에서 행을 바라보았다.　①②③

GUIDE

83-1 그 기본적인 입장은 '지행병진(知行竝進)'이었다. 그들은 지와 행이 서로 선후(先後)가 되어 돕고 의지하면서 번갈아 앞으로 나아가는 '상자호진(相資互進)' 관계에 있다고 생각했다.

83-2 위 지문을 통해서는 알 수 없다.

83-3 홍대용은 지와 행의 병진을 전제하면서도, 도덕적 수양 외에 사회적 실천의 측면에서 행을 바라보았다.

84

예부터 다리는 서로 멀리 떨어진 두 장소를 하나로 이어주는 역할을 하였다. 강을 사이에 두고 서로 떨어진 지역, 육지와 동떨어진 바다 한 가운데 있는 섬, 두 절벽 사이 등은 지금까지 다리가 아니었다면 결코 가기 힘든 곳들이었을 것이다. 이런 중요한 역할을 하는 다리는 그 종류도 다양하다. 돌로 만든 돌다리, 나무로 만든 나무다리, 높은 절벽 사이에 놓여 항상 흔들거리는 흔들다리 등이 그것이다. 요즘은 기술이 발달하여 다리도 매우 튼튼하게 짓기 때문에 웬만한 화물트럭들도 마음 놓고 높은 바다 위를 질주한다. 또한 이러한 다리의 역할 때문에 우리말에는 다리와 관련된 관용어도 많이 있다. '다리를 건너다.', '다리를 놓다.', '다리를 잇다.' 등의 말들은 모두 어떤 한 사람과 다른 사람 간에 무언가를 연결시켜 준다는 의미를 가지고 있다.

84-1 세계에서 가장 긴 다리는 우리나라에 있는 인천대교이다.　① ② ③

84-2 우리말에는 다리와 관련된 관용표현이 많이 있다.　① ② ③

84-3 아직까지도 사람들은 다리를 이용하여 바다를 건너지 못하고 있다.　① ② ③

GUIDE

84-1 위 제시문을 통해서 알 수 없다.
84-2 제시문의 밑에서 셋째 줄에 보면 다리와 관련된 관용표현이 많이 있음을 알 수 있다.
84-3 요즘은 기술의 발달로 튼튼한 다리를 만들 수 있고 바다 위를 지나갈 수도 있다.

85

우리나라는 과거 조선시대까지만 하더라도 사계절이 매우 뚜렷한 나라 중 하나였다. 물론 지금도 여전히 사계절이 뚜렷하지만 과거에 비해서는 봄과 가을이 매우 짧아지고 여름과 겨울은 매우 길어졌다. 이러한 현상은 전 세계적으로 산업화가 진행되면서 대기가 오염되고 지구 온난화가 급속도로 진행되고 있기 때문이다. 산업화가 이루어지면서 대기가 오염되고 지구 온난화가 진행되는 것은 어쩔 수 없는 현상이지만 그 속도가 너무 빠르다는 것이 문제이다. 지구의 자정작용이 그 속도를 못 따라가고 있는 것이다. 따라서 우리는 지금부터라도 전 세계적인 차원에서 지구 온난화를 막기 위한 여러 가지 대책을 마련해야 할 것이다.

85-1　지구 온난화는 우리나라 사계절의 변화에 큰 위협이 되지 못한다.　① ② ③

85-2　앞으로 지구 온난화의 대비는 전 세계적인 차원에서 이루어져야 한다.　① ② ③

85-3　산업화는 영국에서 처음 시작되었다.　① ② ③

GUIDE

85-1 우리나라 사계절의 변화는 지구 온난화가 원인임을 제시문을 보면 알 수 있다.

85-2 제시문의 마지막 줄을 보면 전 세계적인 차원에서 지구 온난화를 막아야 함이 나와 있다.

85-3 위 제시문을 통해서는 자세히 알 수 없다.

음성 인식 기술은 컴퓨터가 사람이 말하는 소리를 인식하여 해당 문자열로 바꾸는 기술이다. 사람의 말은 음소들의 시간적 배열로 볼 수 있다. 컴퓨터는 각 단어의 음소들의 배열을 '기준 패턴'으로 미리 저장해 두고, 이를 입력된 음성에서 추출한 '입력 패턴'과 비교하여 단어를 인식한다.

음성을 인식하기 위해서 먼저 입력된 신호에서 잡음을 제거한 후 음성 신호만 추출한다. 그런 다음 음성 신호를 하나의 음소로 판단되는 구간인 '음소 추정 구간'들의 배열로 바꾸어 준다. 그런데 음성 신호를 음소 단위로 정확히 나누는 것은 쉽지 않다. 이를 해결하기 위해 먼저 음성 신호를 일정한 시간 간격의 '단위 구간'으로 나누고, 이 단위 구간 하나만으로 또는 연속된 단위 구간을 이어 붙여 음소 추정 구간들을 만든다.

음성의 비교는 음소 단위로 이루어지는데 음소 추정 구간에 해당하는 음소를 알아내기 위해서 각 구간에서 '특징 벡터'를 추출한다. 각 음소 추정 구간에서 추출하는 특징 벡터는 1개이다. 특징 벡터는 음소를 구별하는 데 필요한 정보를 수치로 나타낸 것으로, 음소 추정 구간의 길이에 상관없이 1개로만 추출된다. 특징 벡터는 음소의 특성을 잘 나타내는 정보들을 이용하지만 사람마다 다른 특성을 보이는 정보는 사용하지 않는다. 사용하는 정보의 가짓수가 많을수록 음소를 더 정확하게 인식할 수 있지만 그만큼 필요한 연산량이 많아져 처리 시간은 길어진다.

음성을 인식하려면 입력 패턴의 특징 벡터와 기준 패턴의 특징 벡터를 비교해야 한다. 이를 위해서 음소 추정 구간이 비교하려는 기준 패턴의 음소 개수와 동일한 개수가 되도록 단위 구간을 조합한다. 그리고 각 음소 추정 구간에서 추출된 특징 벡터를 구간 순서대로 배열하여 입력 패턴을 생성한다.

86-1 음성 인식 기술은 '기준 패턴'을 '입력 패턴'과 비교하여 단어를 인식하는 기술이다. ① ② ③

86-2 특징 벡터에서 사용하는 정보의 가짓수가 많을수록 음소를 더 정확하게 인식할 수 있고 처리 시간이 짧아진다. ① ② ③

86-3 단위 구간의 시간 간격을 짧게 하여 그 개수를 늘리면 음소 추정 구간을 잘못 설정하여 발생하는 오류를 줄일 수 있다. ① ② ③

GUIDE

86-1 컴퓨터는 각 단어의 음소들의 배열을 '기준 패턴'으로 미리 저장해 두고, 이를 입력된 음성에서 추출한 '입력 패턴'과 비교하여 단어를 인식한다.

86-2 사용하는 정보의 가짓수가 많을수록 음소를 더 정확하게 인식할 수 있지만 그만큼 필요한 연산량이 많아져 처리 시간은 길어진다.

86-3 위 지문을 통해서는 알 수 없다.

ANSWER 85-1.② 85-2.① 85-3.③ 86-1.① 86-2.② 86-3.③

나는 우리나라가 세계에서 가장 아름다운 나라가 되기를 원한다. 가장 부강한 나라가 되기를 원하는 것은 아니다. 내가 남의 침략에 가슴이 아팠으니 내 나라가 남을 침략하는 것을 원치 아니한다. 우리의 부력(富力)은 우리의 생활을 풍족히 할 만하고 우리의 강력(强力)은 남의 침략을 막을 만하면 족하다. 오직 한없이 가지고 싶은 것은 높은 문화의 힘이다. 문화의 힘은 우리 자신을 행복하게 하고 나아가서 남에게 행복을 주기 때문이다.

지금 인류에게 부족한 것은 무력도 아니요, 경제력도 아니다. 자연과학의 힘은 아무리 많아도 좋으나 인류 전체로 보면 현재의 자연과학만 가지고도 편안히 살아가기에 넉넉하다. 인류가 현재에 불행한 근본 이유는 인의가 부족하고 자비가 부족하고 사랑이 부족하기 때문이다. 이 마음만 발달이 되면 현재의 물질력으로 20억이 다 편안히 살아갈 수 있을 것이다. 인류의 이 정신을 배양하는 것은 오직 문화이다.

87-1 '나'는 우리나라가 세계에서 가장 부강한 나라가 되기를 원한다. ① ② ③

87-2 인류가 현재에 불행한 근본 이유는 경제력이 부족하기 때문이다. ① ② ③

87-3 자연과학의 힘은 아무리 많아도 좋으나 인류 전체로 보면 현재의 자연과학만 가지고도 편안히 살아가기에 넉넉하다. ① ② ③

GUIDE

87-1 '나'는 우리나라가 세계에서 가장 아름다운 나라가 되기를 원한다.
87-2 인류가 현재에 불행한 근본 이유는 인의가 부족하고 자비가 부족하고 사랑이 부족하기 때문이다.
87-3 보기의 내용은 지문과 일치한다.

일반적으로 동식물에서 종(種)이란 '같은 개체끼리 교배하여 자손을 남길 수 있는' 또는 '외양으로 구분이 가능한' 집단을 뜻한다. 그렇다면 세균처럼 한 개체가 둘로 분열하여 번식하며 외양의 특징도 많지 않은 미생물에서는 종을 어떤 기준으로 구분할까?

미생물의 종 구분에는 외양과 생리적 특성을 이용한 방법이 사용되기도 한다. 하지만 이러한 특성들은 미생물이 어떻게 배양되는지에 따라 변할 수 있으며, 모든 미생물에 적용될 만한 공통적 요소가 되기도 어렵다. 이런 문제를 극복하기 위해 오늘날 미생물 종의 구분에는 주로 유전적 특성을 이용하고 있다. 미생물의 유전체는 DNA로 이루어진 많은 유전자로 구성되는데, 특정 유전자를 비교함으로써 미생물들 간의 유전적 관계를 알 수 있다. 종의 구분에는 서로 간의 차이를 잘 나타내 주는 유전자를 이용한다. 유전자 비교를 통해 미생물들이 유전적으로 얼마나 가깝고 먼지를 확인할 수 있는데, 이를 '유전 거리'라 한다. 유전 거리가 가까울수록 같은 종으로 묶일 가능성이 커진다. 하지만 유전자 비교로 확인한 유전 거리만으로는 두 미생물이 같은 종에 속하는지를 명확히 판별하기 어렵다. 특정 유전자가 해당 미생물의 전체적인 유전적 특성을 대변하지는 못하기 때문이다.

88-1 세균의 종 구분에는 외양과 생리적 특성을 이용한 방법만이 사용된다. ① ② ③

88-2 '유전 거리'는 유전자 비교를 통해 미생물들이 유전적으로 얼마나 가깝고 먼지에 대한 것이다. ① ② ③

88-3 유전 거리를 사용한 방식의 문제는 미생물들 간의 유전체 유사도를 측정하는 방법으로 해결할 수 있다. ① ② ③

GUIDE

88-1 이런 문제를 극복하기 위해 오늘날 미생물 종의 구분에는 주로 유전적 특성을 이용하고 있다.

88-2 유전자 비교를 통해 미생물들이 유전적으로 얼마나 가깝고 먼지를 확인할 수 있는데, 이를 '유전 거리'라 한다.

88-3 위 지문을 통해서는 알 수 없다.

역사적 사실(historical fact)이란 무엇인가? 이것은 우리가 좀 더 꼼꼼히 생각해 보아야만 하는 중요한 질문이다. 상식적인 견해에 따르면, 모든 역사가들에게 똑같은, 말하자면 역사의 척추를 구성하는 어떤 기초적인 사실들이 있다. 예를 들면 헤이스팅스(Hastings) 전투가 1066년에 벌어졌다는 사실이 그런 것이다. 그러나 이 견해에는 명심해야 할 두 가지 사항이 있다. 첫째로, 역사가들이 주로 관심을 가지는 것은 그와 같은 사실들이 아니라는 점이다. 그 대전투가 1065년이나 1067년이 아니라 1066년에 벌어졌다는 것, 그리고 이스트본(Eastbourne)이나 브라이턴(Brighton)이 아니라 헤이스팅스에서 벌어졌다는 것을 아는 것은 분명히 중요하다. 역사가는 이런 것들에서 틀려서는 안 된다. 하지만 나는 이런 종류의 문제들이 제기될 때 '정확성은 의무이지 미덕은 아니다.' 라는 하우스먼의 말을 떠올리게 된다. 어떤 역사가를 정확하다는 이유로 칭찬하는 것은 어떤 건축가를 잘 말린 목재나 적절히 혼합된 콘크리트를 사용하여 집을 짓는다는 이유로 칭찬하는 것과 같다.

89-1 역사가들은 역사적 사건이 벌어진 시간과 장소를 틀려서는 안 된다. ① ② ③

89-2 정확성은 마땅히 해야 하는 것이며, 칭찬할 것은 아니다. ① ② ③

89-3 헤이스팅스(Hastings) 전투는 1065년에 벌어졌다. ① ② ③

GUIDE

89-1 그 대전투가 1065년이나 1067년이 아니라 1066년에 벌어졌다는 것, 그리고 이스트본(Eastbourne)이나 브라이턴(Brighton)이 아니라 헤이스팅스에서 벌어졌다는 것을 아는 것은 분명히 중요하다. 역사가는 이런 것들에서 틀려서는 안 된다.

89-2 어떤 역사가를 정확하다는 이유로 칭찬하는 것은 어떤 건축가를 잘 말린 목재나 적절히 혼합된 콘크리트를 사용하여 집을 짓는다는 이유로 칭찬하는 것과 같다.

89-3 헤이스팅스(Hastings) 전투는 1066년에 벌어졌다.

반의 관계는 서로 반대되거나 대립되는 의미를 가진 단어 사이의 의미 관계이다. 반의 관계는 두 단어가 여러 공통 의미 요소를 가지고 있으면서 다만 하나의 의미 요소가 다를 때 성립한다. 가령 '총각'의 반의어가 '처녀'인 것은 두 단어가 여러 공통 의미 요소를 가지고 있으면서 '성별'이라고 하는 하나의 의미 요소가 다르기 때문이다. 반의어는 반의관계의 성격에 따라 분류할 수 있다. 즉 반의어에는 '금속', '비금속'과 같이 한 영역 안에서 상호 배타적 대립관계에 있는 상보(모순) 반의어, '길다', '짧다'와 같이 두 단어 사이에 등급성이 있어서 중간 단계가 있는 등급(정도) 반의어, '형', '아우'와 '출발선', '결승선' 등과 같이 두 단어가 상대적 관계를 형성하고 있으면서 의미상 대칭을 이루고 있는 방향(대칭) 반의어가 있다.

90-1 반의 관계는 두 단어가 하나의 공통 의미 요소를 가지고 있으면서 여러 의미 요소가 다를 때 성립한다.　①②③

90-2 '길다'와 '짧다'는 정도 반의어이다.　①②③

90-3 반의 관계를 그 성격에 따라 분류하는 것처럼 유의 관계도 분류할 수 있다.　①②③

GUIDE

90-1 반의 관계는 두 단어가 여러 공통 의미 요소를 가지고 있으면서 다만 하나의 의미 요소가 다를 때 성립한다.

90-2 '길다', '짧다'는 두 단어 사이에 등급성이 있어서 중간 단계가 있는 등급(정도) 반의어이다.

90-3 윗글에서 알 수 없다.

ANSWER ▶　89-1.①　89-2.①　89-3.②　90-1.②　90-2.①　90-3.③

Chapter 02

수리능력

1 3%의 소금물과 8%의 소금물을 섞어 5%의 소금물 600g을 만들려고 한다. 3%의 소금물과 8%의 소금물은 각각 얼마씩 필요한가?

① 300g, 300g

② 330g, 270g

③ 360g, 240g

④ 390g, 210g

GUIDE

3%의 소금물의 양을 x, 8%의 소금물의 양을 $600-x$라 할 때,

5%의 소금물 600g에 들어있는 소금의 양은 30g이므로

$$\frac{3}{100}x + \frac{8}{100}(600-x) = 30$$

$$x = 360$$

∴ 3%의 소금물 360g과 8%의 소금물 240g을 섞으면 5%의 소금물을 만들 수 있다.

2 총무팀 남자 사원 5명과 여자 사원 3명 중에서 아이디어 경연대회에 나갈 대표 3명을 뽑을 때, 남자 사원과 여자 사원이 적어도 한 명 이상씩 뽑힐 확률은?

① $\dfrac{11}{56}$

② $\dfrac{43}{56}$

③ $\dfrac{45}{56}$

④ $\dfrac{50}{56}$

GUIDE

전체 경우의 수는 8명 중에서 3명의 대표를 뽑는 것이므로 $_8C_3 = \dfrac{8 \times 7 \times 6}{3 \times 2 \times 1} = 56$가지이다.

남자 사원이나 여자 사원이 한 명도 뽑히지 않는 경우의 수를 구하면

남자 사원만 뽑히는 경우의 수 : $_5C_3 = \dfrac{5 \times 4 \times 3}{3 \times 2 \times 1} = 10$가지

여자 사원만 뽑히는 경우의 수 : $_3C_3 = 1$가지이므로 총 11가지이다.

전체 경우의 수에서 남자 사원이나 여자 사원이 한 명도 뽑히지 않는 경우의 수를 빼면

$56 - 11 = 45$이므로 남자 사원과 여자 사원이 적어도 한 명 이상씩 뽑힐 확률은 $\dfrac{45}{56}$이다.

3 입장료가 30,000원인 워터파크의 입장료를 10% 할인하면 입장객이 8% 증가하고, 10% 인상하면 입장객이 10% 감소하고, 15% 인상하면 입장객이 30% 감소한다. 이 중 워터파크에서 가장 큰 수입을 얻기 위한 입장료는 얼마인가?

① 27,000원

② 30,000원

③ 33,000원

④ 34,500원

가격을 할인 또는 인상하기 전의 입장객의 수를 x 명이라 할 때, 워터파크의 수입은 다음과 같다.

㉠ 10% 할인 : $(0.9 \times 30,000) \times 1.08x = 29,160x$

㉡ 현상 유지 : $30,000x$

㉢ 10% 인상 : $(1.1 \times 30,000) \times 0.9x = 29,700x$

㉣ 15% 인상 : $(1.15 \times 30,000) \times 0.7x = 24,150x$

4 가로의 길이가 세로의 길이보다 4cm 더 긴 직사각형이 있다. 이 직사각형의 둘레가 28cm일 때 세로의 길이는?

① 4cm

② 5cm

③ 6cm

④ 7cm

직사각형의 둘레는 가로의 길이 $\times 2$ + 세로의 길이 $\times 2$이다.

세로의 길이를 x라고 가정할 때 가로의 길이는 $x+4$이고, 둘레는 $2 \times (x+4) + (2 \times x)$이므로 $4x+8 = 28$

따라서 x는 5이다.

5 구멍이 나서 물이 새는 통이 있다. 처음에 20ℓ의 물이 있었는데, 1시간이 지나자 15ℓ밖에 남지 않았다. 그 후 2시간이 더 지났을 때의 물의 양은?

① 5ℓ
② 6ℓ
③ 7ℓ
④ 8ℓ

GUIDE

시간당 새는 물의 양은 $\dfrac{\text{새어 나간 물의 양}}{\text{그 동안의 시간}}$ 으로 볼 수 있다.

시간당 새는 물의 양 $= \dfrac{20-15}{1} = 5$ 이고 이미 물이 15ℓ가 된 후에서 2시간이 더 지난 것이므로

$15 - (5 \times 2) = 5$ 이다. 따라서 남은 물의 양은 5ℓ이다.

---

6 A지점에서 150km 떨어진 B지점까지 평균시속 75km로 왕복하였다. 갈 때는 시속 100km로 운전하였다면 올 때의 시속은 몇 km인가?

① 60
② 65
③ 70
④ 75

GUIDE

시간 $= \dfrac{\text{거리}}{\text{속력}}$ 로 A지점에서 B지점까지 걸린 왕복(왕복이므로 거리는 150km×2) 시간은 $\dfrac{300}{75} = 4$ 시간이다.

갈 때 100km/h로 운전하였고 올 때의 속력을 x 라고 하면

$$\dfrac{150(\text{km})}{100(\text{km/h})} + \dfrac{150(\text{km})}{x(\text{km/h})} = 4$$

$$\dfrac{150x + 15000}{100x} = 4$$

$$250x = 15000$$

$$x = 60$$

따라서 올 때의 속력은 60km/h이다.

7 항공사에서 출발지와 도착지를 표기한 비행기표를 만들려고 한다. 20개의 공항을 대상으로 한다면 항공사에서 마련해야 할 비행기표의 종류는 몇 가지인가?

① 350가지　　　　　　　　　　② 380가지

③ 410가지　　　　　　　　　　④ 450가지

GUIDE

20개의 공항에서 출발지와 도착지를 정하는 방법은

$_{20}P_2 = 20 \times 19 = 380$(가지)

---

8 100 이하의 자연수 중에서 3으로 나누어도 나머지가 2이고, 7로 나누어도 나머지가 2인 자연수는 모두 몇 개인가?

① 4　　　　　　　　　　　　② 5

③ 6　　　　　　　　　　　　④ 7

GUIDE

100 이하의 자연수에서 3과 7의 공통배수 (21, 42, 63, 84)에서 2를 더한 수를 구하면, (23, 44, 65, 86) 4개인데 자연수 2는 3으로 나누어도 나머지가 2이고, 7로 나누어도 나머지가 2인 수이므로 (2, 23, 44, 65, 86)이 3으로 나누어도 나머지가 2이고, 7로 나누어도 나머지가 2인 자연수이다. 따라서 5개의 자연수가 있다.

---

9 다음 식의 a에 알맞은 분수 중에서 분모가 20인 기약분수는 모두 몇 개인가?

$$0.2 < a < 0.5$$

① 1   ② 2

③ 3   ④ 4

GUIDE

$0.2 < a < 0.5$

$\Rightarrow \dfrac{4}{20} < a < \dfrac{10}{20}$

a 중 분모가 20인 분수는 $\dfrac{5}{20}$, $\dfrac{6}{20}$, $\dfrac{7}{20}$, $\dfrac{8}{20}$, $\dfrac{9}{20}$ 이고, 이 중 기약분수는 $\dfrac{7}{20}$, $\dfrac{9}{20}$ 이다.

※ **기약분수** ⋯ 분모와 분자가 1이외의 공통된 인수를 갖고 있지 않은 분수

---

10 인터넷 통신 한 달 요금이 다음과 같은 A, B 두 회사가 있다. 월 사용시간이 최소 얼마 이상일 때, B 회사를 선택하는 것이 유리한가?

A 회사		B 회사	
기본요금	추가요금	기본요금	추가요금
5,600원	시간당 1,200원	30,000원	없음

① 18시간 40분   ② 19시간

③ 20시간 20분   ④ 21시간

GUIDE

월 사용시간을 x 라 하면

$5,600 + 1,200x \geq 30,000$

$x \geq \dfrac{24,400}{1,200} = 20\dfrac{1}{3}$

따라서 매월 최소 20시간 20분 이상 사용할 때 B회사를 선택하는 것이 유리하다.

11

$1 \le x \le 2$일 때 $\dfrac{x-2}{x}$의 최댓값은?

① -1 ② 0

③ 1 ④ 2

GUIDE

x는 1과 같거나 크고 2와 같거나 작으므로 최댓값을 구하기 위해 x에 2를 대입하면 0이다.

12

KTX열차는 A지점에서 B지점까지 시속 200km, B지점에서 C지점까지 시속 100km로 달린다. A지점에서 C지점까지의 거리는 400km이다. 오전 9시에 A지점을 출발한 KTX열차가 2시간 30분 후에 C지점에 도착하였다면, B지점을 지날 때의 시각은?

① 오전 9시 40분   ② 오전 10시

③ 오전 10시 20분   ④ 오전 10시 30분

GUIDE

거리＝시간×속력이고, A에서 B까지의 시간은 x라고 하면 B에서 C까지 걸린 시간은 총 걸린 시간 2시간 30분에서 x를 제외한 시간이므로 $\dfrac{5}{2}-x$이다(2시간 30분을 시로 환산하면 $\dfrac{5}{2}$).

$$400(\text{km}) = 200(\text{km/h}) \times x + 100(\text{km/h}) \times \left(\dfrac{5}{2}-x\right)$$

$$400 = 200x + 250 - 100x$$

$$100x = 150$$

$$x = \dfrac{3}{2} = 1.5$$

따라서 A에서 B까지의 걸린 시간은 1시간 30분이고 오전 9시에 A를 출발했으니 B지점을 지날 때 시각은 오전 10시 30분이다.

13 정팔면체의 모서리 수를 X, 꼭짓점 수를 Y라고 할 때, $3X+5Y$의 값은 얼마인가?

① 60

② 66

③ 76

④ 78

정팔면체의 모서리 수는 12, 꼭짓점 수는 6이므로 $3X+5Y=66$이다.

14 3학년 모든 학급에게 농구공 120개를 똑같이 나누어 주려고 한다. 한 학급에 돌아가는 농구공의 수는 학급의 수보다 2만큼 작다고 할 때, 학급의 수는?

① 6

② 8

③ 10

④ 12

학급의 수를 x라 하자.

$x(x-2)=120,\ x^2-2x-120=0,\ (x-12)(x+10)=0$

따라서 $x=12(x>0)$이다.

15 민진이는 한 바퀴에 400m인 트랙에서 운동을 하는데 처음 3바퀴는 시속 4km/h로, 그 다음 10바퀴는 시속 8km/h로 달린 후 마지막 두 바퀴는 시속 5km/h로 돌았다. 민진이는 전체 15바퀴를 평균 몇 km/h로 달렸는가?

① 6km/h

② 6.25km/h

③ 6.5km/h

④ 6.75km/h

민진이가 운동한 총 시간은 $\dfrac{1.2}{4}+\dfrac{4}{8}+\dfrac{0.8}{5}=0.3+0.5+0.16=0.96(\mathrm{h})$이므로

평균 속도는 $\dfrac{6}{0.96}=6.25\,\mathrm{km/h}$이다.

16 4시 비행기에 타야하는 한나가 탑승 게이트에 도착한 시간은 오후 1시 정각이었다. 한나가 쇼핑하는 시간은 2시간이고, 걷는 속도가 5km/h라면 탑승 게이트에서 면세점까지의 거리는 몇 km 이내에 있어야 한나가 쇼핑을 하고 돌아와 비행기에 탑승할 수 있는가?

① 2.5km   ② 3km

③ 4.5km   ④ 5km

GUIDE

탑승 게이트에서 면세점까지의 거리를 x km라 하면
1시간동안 한나가 이동해야 하는 거리는 $2x$ km이다.

$$\frac{2x}{5} \leq 1$$

$$\therefore x \leq 2.5(\mathrm{km})$$

---

17 국제축구연맹(FIFA)이 주관하는 U-17 축구경기에 16개 팀이 참가하였다. 예선리그 없이 단판승부에 의한 토너먼트로 진행된다면 우승팀을 가리기 위하여 치러지는 총 경기의 수는?

① 12   ② 13

③ 14   ④ 15

GUIDE

토너먼트는 경기를 거듭할 때마다 진 팀은 제외시키면서 이긴 팀끼리 겨루어 최후에 남은 두 팀으로 우승을 가리는 형식이다. 1회전에서는 8회의 경기를 치르고 8개 팀이 진출하며, 2회전에서는 4회 경기와 4개의 진출팀이 남고, 3회전에서는 2회의 경기와 2개의 진출팀, 결승전에는 1회의 경기와 1개의 우승팀이 남는다. 따라서 총 8+4+2+1=15(회)의 경기가 치러진다.

18 100명의 학생이 일본어와 중국어 중 한 과목을 선택하여 시험을 치르고, 과목마다 25%의 학생이 '수'를 받게 된다. 일본어를 선택한 학생 중 '수'를 받은 학생이 12명일 경우, 중국어를 선택한 학생 중 '수'를 받은 학생은 몇 명인가?

① 6
② 8
③ 10
④ 13

일본어와 중국어 동시 선택이 되지 않으므로 100명의 학생 중 일본어를 선택한 학생 수를 제외하면 중국어를 선택한 학생 수가 된다. 12명이 일본어를 선택한 학생 중 '수'를 받은 학생이므로 $12 \times \dfrac{100}{25} = 48$(명)이고, 중국어를 선택한 학생 수는 $100 - 48 = 52$(명)이다. 52명 중 25%는 $52 \times \dfrac{25}{100} = 13$이므로 중국어를 선택한 학생 중 '수'를 받은 학생은 13명이다.

19 다음은 매장별 에어컨 판매 조건과 판매가격 표이다. 옳지 않은 것은?

매장	판매 조건	한 대당 판매 가격
A	10대 구매하면, 1대 무료로 추가 증정	1대당 100만원
B	10대 구매하면, 그 중 1대는 50% 할인	1대당 100만원
C	20대 구매하면, 1대 무료로 추가 증정	1대당 99만원

① 50대를 구매하는 경우 C매장에서는 2대를 추가로 받을 수 있다.
② A매장에서는 3,000만원에 33대를 구매할 수 있다.
③ 10대를 구매하는 경우 B매장이 C매장보다 저렴하다.
④ 20대를 구매하려고 할 때 가장 저렴하게 구매할 수 있는 매장은 B매장이다.

① C매장에서는 50대를 구매하면, 총 가격이 4950만원이며 2대를 추가로 받을 수 있다.
② A매장에서는 30대를 구매하면 3대를 추가로 증정하므로, 3000만원에 33대를 구매할 수 있다.
③ B매장에서는 10대를 구매하면 1대를 50% 할인 받아 950만원이고, C매장에서는 모두 정가로 구매하여 990만원이다.
④ A매장은 1900만원에 20대를 구매할 수 있다. B매장은 20대를 구매하면 2대를 50% 할인 받을 수 있어 1900만원에 구매할 수 있다. C매장은 20대를 구매하면 1대를 추가로 증정 받아 1980만원에 구매할 수 있다. 그러므로 저렴하게 구입할 수 있는 매장은 A매장과 B매장이다.

20 비커 A, B, C에 담겨있는 소금물의 농도를 측정하였다. A비커의 농도는 B비커의 농도보다 20% 높았고, C비커의 농도는 A비커 농도의 2배에서 B비커 농도를 뺀 값의 80%에 해당하였다. 각 비커의 농도를 비교한 것 중 옳은 것은?

① A>C>B

② A>B>C

③ C>B>A

④ B>A>C

GUIDE

비커 B의 농도를 x라고 하면 A의 농도는 $(1+0.2)x=1.2x$이고,

C의 농도는 $(2.4x-x)\times\dfrac{80}{100}=1.4x\times0.8=1.12x$이다.

따라서 $1.2x>1.12x>x$이므로 A>C>B이다.

21 최대공약수가 6이고 최소공배수가 36인 두 수를 $a,\ b$라 할 때, a^2+b^2-2ab가 가질 수 있는 가장 작은 값은?

① 18

② 24

③ 36

④ 48

GUIDE

36의 약수이고 6의 배수인 수는 (6, 12, 18, 36)이다. 이 중 최소공배수가 36이고 최대공약수가 6인 두 수의 짝은 (6, 36), (12, 18)이다.

$a^2+b^2-2ab=(a-b)^2$이므로 가장 작은 값은 $(18-12)^2=36$이다.

22 칠판에 1부터 20까지의 수가 하나씩 쓰여 있고, 20개의 수 중 임의의 수 a와 b를 지우고 a−1, b−1을 써넣었다. 이 시행을 20번 반복한 후 칠판에 써진 모든 수를 더한 값은 얼마인가?

① 150   ② 160

③ 170   ④ 180

GUIDE

1부터 20까지의 수를 모두 더하면 210이다. 20개의 수 중 임의의 수 a와 b를 지우고 a−1, b−1을 써넣은 후의 전체 수의 합은 $210-(a+b)+(a-1+b-1)=210-2=208$이 된다. 따라서 이 시행을 20번 반복한 후 전체 수의 합은 처음 전체 수의 합 210에서 40이 감소한 170이 된다.

23 A, B, C, D가 자전거 경기를 하였다. A의 시간 당 속력은 B보다 1.2배 빠르고, C는 A보다 0.8배 빠르며, D는 C보다 1.1배 빨랐다. 1시간 동안 가장 긴 거리를 달린 사람은?

① A   ② B

③ C   ④ D

GUIDE

B의 속력을 x라고 하면 A의 속력은 $1.2x$, C의 속력은 $0.8(1.2x)$이고, D의 속력은 $1.1\{0.8(1.2x)\}$이다. 정리하면, A는 $1.2x$, B는 x, C는 $0.96x$, D는 $1.056x$이므로 동일한 시간(1시간) 동안 가장 긴 거리를 달린 사람은 A이다.

24 정육면체의 한 변의 길이가 각각 20%, 50%, 80%씩 짧아진다고 할 때 부피는 몇 % 감소하는가?

① 50   ② 72

③ 80   ④ 92

GUIDE

한 변의 길이를 x라고 하면 $(1-0.2)x=0.8x$, $(1-0.5)x=0.5x$, $(1-0.8)x=0.2x$의 길이를 갖는다. 부피는 가로 × 세로 × 높이이므로 $0.8x \times 0.5x \times 0.2x=0.08x^3$이다. 원래의 x^3인 부피에서 0.92가 줄어들었다. 즉, 92%가 감소하였다.

25 서원이는 소금물 A 100g과 소금물 B 300g을 섞어 15%의 소금물을 만들려고 했는데 실수로 두 소금물 A와 B의 양을 반대로 섞어 35%의 소금물을 만들었다. 두 소금물 A, B의 농도는 각각 얼마인가?

① A: 30%, B : 10%   ② A: 35%, B : 5%

③ A: 40%, B : 10%   ④ A: 45%, B : 5%

GUIDE

소금물 A의 농도를 a%, B의 농도를 b%라 할 때,

원래 만들려던 소금물은 $\dfrac{a+3b}{100+300} \times 100 = 15\%$이고,

실수로 만든 소금물의 농도는 $\dfrac{3a+b}{300+100} \times 100 = 35\%$이다.

두 식을 정리하면 $\begin{cases} a+3b=60 \\ 3a+b=140 \end{cases}$ 이다.

$\therefore a = 45\%,\ b = 5\%$

---

26 2km 간격으로 이정표가 설치되어 있는 도로를 자동차가 시속 60km로 달리고 있다. 첫 번째 이정표를 통과한 후 31분 동안 지나치게 되는 이정표는 몇 개인가? (단, 첫 번째 이정표는 제외한다)

① 14   ② 15

③ 16   ④ 17

GUIDE

31분을 시로 환산하면 $\dfrac{31}{60}$이고, 거리는 시간×속력이므로 $\dfrac{31}{60} \times 60 = 31$이므로 자동차는 31분 동안 31km를 지났다. 2km마다 이정표가 설치되어 있으므로 첫 번째 이정표를 제외한 15개의 이정표를 지나갔다.

ANSWER 22.③ 23.① 24.④ 25.④ 26.②

27 다음 그래프는 직선 위에서 운동하는 물체의 시간에 따른 위치를 나타낸 것이다. 이 물체의 운동에 대한 설명으로 옳지 않은 것은?

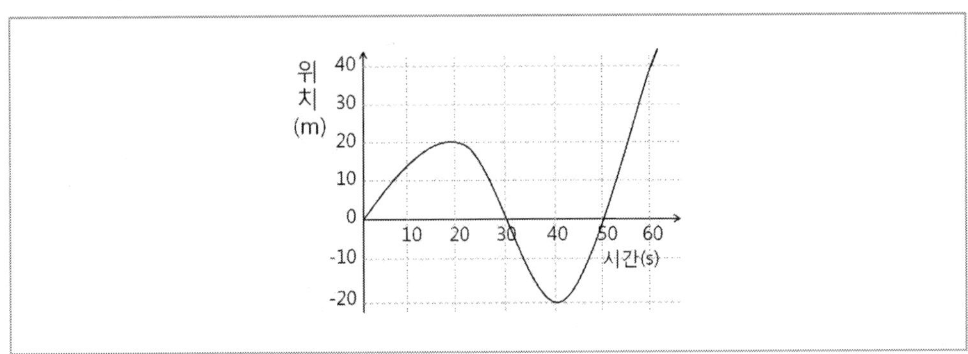

① 0~20초 동안의 이동거리와 변위의 크기는 같다.

② 0~40초 동안의 이동 거리는 60m이다.

③ 0~50초 동안의 변위는 0이다.

④ 40~60초 동안의 평균속력은 2m/s이다.

GUIDE

① 양의 방향으로만 이동하였으므로 같다.

② 0~20m와 20~-20m 총 60m 이동했다.

③ 위치가 0이므로 변위도 0이다.

④ $\dfrac{40-(-20)}{20}=\dfrac{60}{20}=3\,(\mathrm{m/s})$

28 $y=ax^2$의 그래프를 x축으로 2, y축으로 1 만큼 평행 이동하니 $y=2x^2+bx+c$가 되었다. 이때 $a+b+c$의 값은?

① 1   ② 3

③ 5   ④ 7

GUIDE

㉠ : $y-1=a(x-2)^2$

㉡ : $y=2x^2+bx+c$

㉠과 ㉡ 두 식이 같으므로, $y=ax^2-4ax+4a+1$에서 $a=2$이고, $b=-4a=-4\times2=-8$,

$c=4a+1=4\times2+1=9$이다. 이다. $a+b+c=2-8+9=3$이므로 정답은 ②이다.

29 지구표면에 접하고 있는 대류권에서는 1km 높아질 때마다 기온이 대략 6.5℃ 내려간다. 그러나 때에 따라서는 다음 그림과 같이 높이가 높아져도 기온이 내려가지 않고 올라가는 역전현상이 나타나기도 한다. 다음 설명 중 옳은 것은?

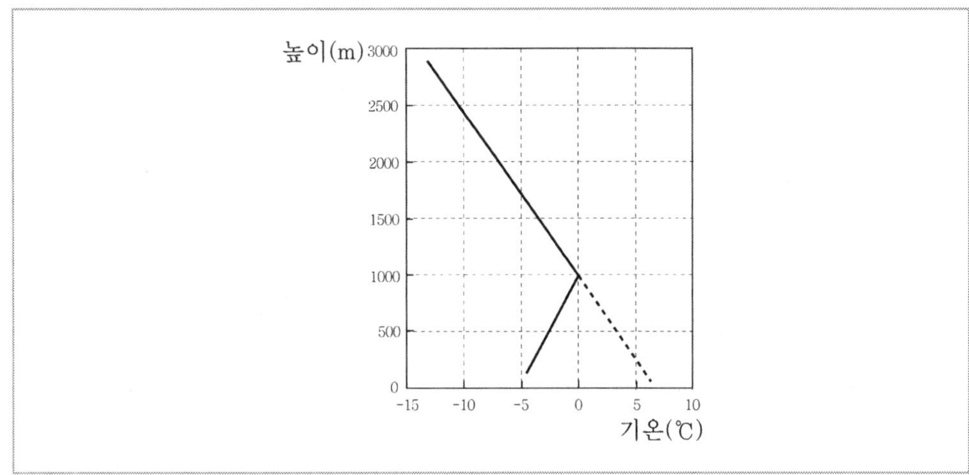

① 높이 1,500m에서는 기온역전 현상이 일어나고 있다.
② 높이 500m에서는 높아질수록 기온이 내려간다.
③ 높이 2,000m에서는 기온이 −10℃ 정도 될 것이다.
④ 높이 1,000m 근처에서 기온이 가장 높다.

GUIDE

① 정상적이다.
② 높아질수록 기온이 올라가고 있다.
③ −10℃가 되는 것은 2500m이다.

30 자동차의 정지거리는 공주거리와 제동거리의 합이다. 공주거리는 공주시간 동안 진행한 거리이며, 공주시간은 주행 중 운전자가 전방의 위험상황을 발견하고 브레이크를 밟아서 실제 제동이 시작이 될 때까지 걸리는 시간이다. 자동차의 평균 제동 거리가 다음 표와 같을 때, 시속 72km로 달리는 자동차의 평균정지거리는 몇 m인가? (단, 공주시간은 1초로 가정한다)

속도(km)	12	24	36	48	60	72
평균제동거리(m)	1	4	9	16	25	36

① 52   ② 54

③ 56   ④ 58

GUIDE

제동거리 $36m$, 공주거리 $72km/h \times 1,000 \times \dfrac{1}{3,600} = 20m$

따라서 $36 + 20 = 56m$

31 $(2 + \square)^2 + (3 + \square)^2 = 25$ 일 때, $\square$에 공통으로 들어가는 자연수는?

① 1   ② 2

③ 3   ④ 4

GUIDE

$\square$에 보기의 수를 대입해 보면 1이 공통으로 들어가며 $(2+1)^2 + (3+1)^2 = 3^2 + 4^2 = 9 + 16 = 25$가 된다.

32 A팀 후보 6명, B팀 후보 4명 중 국가대표 선수 두 명을 뽑는다. 뽑힌 두 명의 선수가 같은 팀일 확률은 얼마인가? (소수점 셋째자리에서 반올림하시오.)

① 0.47

② 0.5

③ 0.53

④ 0.56

뽑힌 두 명의 선수가 같은 팀일 경우는 두 명 모두 A팀이거나, 모두 B팀인 경우이다.

$$\frac{{}_6C_2+{}_4C_2}{{}_{10}C_2}=\frac{\dfrac{6\times5}{2\times1}+\dfrac{4\times3}{2\times1}}{\dfrac{10\times9}{2\times1}}=\frac{15+6}{45}=0.46666\cdots\fallingdotseq0.47$$

33 각 변의 길이가 자연수이고 가장 긴 변의 길이가 5인 삼각형 중에서 나머지 두 변의 길이가 5보다 작은 서로 다른 삼각형은 몇 개인가? (단, 합동인 경우는 같은 삼각형으로 간주한다)

① 4

② 5

③ 6

④ 7

삼각형이 성립하려면 가장 긴 변의 길이가 나머지 두 변의 길이의 합보다 작아야 한다.
$x+y>5$
두 변의 길이가 5보다 작다고 했으므로 $x<5$, $y<5$가 되며, x와 y는 각각 다음과 같은 값을 가질 수 있다.
$x=1,\ 2,\ 3, 4$
$y=1,\ 2,\ 3, 4$
여기에서 두 변의 길이의 합이 5보다 크려면
(3, 3), (4, 2), (4, 3), (4, 4)가 되어야 한다.
그러므로 총 4개의 삼각형이 존재하게 된다.

34 계단을 한 번에 한 칸씩 또는 두 칸씩 오를 수 있다. 5칸의 계단을 오르는 방법의 수는?

① 8 　　　　　　　　　　　　　② 12
③ 16 　　　　　　　　　　　　　④ 24

5를 이루는 1과 2의 경우의 수를 구한다. (1, 1, 1, 1, 1), (1, 1, 1, 2), (2, 1, 1, 1), (1, 2, 1, 1), (1, 1, 2, 1), (1, 2, 2), (2, 1, 2), (2, 2, 1)로 총 8개가 된다.

35 다섯 자리 수 135□9가 11의 배수일 때, □에 알맞은 숫자는?

① 1 　　　　　　　　　　　　　② 3
③ 5 　　　　　　　　　　　　　④ 7

135□9가 11로 나누어 떨어져야 한다.

```
        1229
 11 ) 135□9
        11
        25
        22
         3□
         22
         99
```

3□ − 22 = 9 이므로 □에 들어갈 수는 1이다.

36 사칙연산 기호만을 사용하여 다음 등식이 성립하도록 할 때 △에 알맞은 기호는?

$$17 = 4 \square 4 \triangle 4 \bigcirc 4$$

① + 　　　　　　　　　　　　　② −
③ × 　　　　　　　　　　　　　④ ÷

$4 \times 4 + 4 \div 4 = 17$이므로 △에는 + 기호가 들어간다.

37 올해 엄마와 딸의 나이를 합하면 38이다. 아들은 딸보다 두 살 어리고, 3년 후의 딸과 아들의 나이를 합하면 20일 때, 올해 엄마의 나이는 몇 살인가?

① 28세　　　　　　　　　　② 30세

③ 32세　　　　　　　　　　④ 34세

딸의 나이를 x 세라 할 때, 엄마의 나이는 $38-x$ 세, 아들의 나이는 $x-2$ 세이다.

3년 후 딸과 아들의 나이의 합을 구하는 식은 $(x+3)+(x-2+3)=20$ 이므로, 딸의 올해 나이는 8세이다.

∴ 올해 엄마의 나이는 30세이다.

38 점 A, B는 길이가 1cm인 고무줄의 양끝점이고, C는 고무줄 위에 있는 한 점이다. C는 A에서 0.7cm 떨어져 있다고 한다. 이 고무줄을 늘여 3cm로 만들면 C는 A로부터 몇 cm 떨어진 위치에 있게 되는가?　(단, 고무줄은 균일하게 늘어난다고 가정한다)

① 0.7　　　　　　　　　　② 1.4

③ 2.1　　　　　　　　　　④ 2.8

고무줄이 균일하게 늘어나므로 1cm에서 3cm가 늘어났으므로 0.7cm에 3배를 한 2.1cm가 늘어난 위치에 있게 된다.

39 같은 일을 A 혼자하면 12일, B 혼자하면 20일이 걸린다고 한다. A가 4일 동안 이 일을 하고 나서, A와 B가 함께 나머지 일을 모두 마치려면 며칠이 걸리겠는가?

① 2   ② 3

③ 4   ④ 5

GUIDE

A의 일의 속도를 a라고 하고, B의 일의 속도를 b라고 하면

$$a = \frac{w}{12}, \; b = \frac{w}{20}$$

A가 4일 동안 할 수 있는 일의 양은 $\frac{w}{12} \times 4 = \frac{w}{3}$

남은 일의 양은 $w - \frac{w}{3} = \frac{2}{3}w$

A와 B가 힘을 합친 속도는 $\frac{w}{12} + \frac{w}{20} = \frac{2}{15}w$

남은 일을 힘을 합쳐서 할 때 걸리는 기간 $\frac{2}{3}w \div \frac{2}{15}w = 5$일

---

40 함수 f 가 모든 실수 x, y에 대하여 관계식 $f(x+y) = f(x) + f(y)$를 만족한다. $f(2) = 4$이면 $f(1)$은 얼마인가?

① $\frac{1}{4}$ ② $\frac{1}{2}$

③ 1   ④ 2

GUIDE

$f(2) = f(1+1) = f(1) + f(1) = 2f(1) = 4$이다. 따라서 $f(1) = 2$이다.

41 1에서 400까지의 자연수 중에서 400과 서로소인 수는 몇 개인가?

① 120   ② 160
③ 240   ④ 280

서로소는 1이외의 공약수를 갖지 않는 두 수를 말한다.

$400 = 2^4 \times 5^2$ 이므로, 서로소가 아닌 것의 개수는 $(400 \div 2) + (400 \div 5) - (400 \div 10) = 240$,

서로소는 160개이다.

42 $\log_2 x = 3$, $\log_y 2 = \dfrac{1}{2}$ 일 때, $x + y$ 의 값은?

① 12   ② 14
③ 16   ④ 18

$x = 2^3 = 8$이고, $y^{\frac{1}{2}} = 2$에서 $y = 4$이다. 따라서 $x + y = 8 + 4 = 12$이다.

43 다음 부등식을 만족하는 정수 쌍 $(x,\ y)$의 개수는?

$x^2 + y^2 < 9$

① 25   ② 26
③ 27   ④ 28

$0^2 = 0$, $1^2 = (-1)^2 = 1$, $2^2 = (-2)^2 = 4$이므로, $x = y = \{-2, -1, 0, 1, 2\}$이다.

x는 5가지, y는 5가지가 가능하므로 $(x,\ y)$는 $5 \times 5 = 25$가지가 가능하다.

ANSWER 39.④ 40.④ 41.② 42.① 43.①

44 다음 중 꼭짓점이 제2사분면에 있는 포물선은?

① $y = x^2 - 2x - 1$　　　　　　② $y = x^2 + 2x - 1$

③ $y = -x^2 - 2x + 1$　　　　　④ $y = -x^2 + 2x + 1$

GUIDE

① $y = (x-1)^2 - 2$이므로 꼭짓점은 제4사분면에 위치한다.

② $y = (x+1)^2 - 2$이므로 제3사분면에 위치한다.

③ $y = -(x+1)^2 + 2$이므로 제2사분면에 위치한다.

④ $y = -(x-1)^2 + 2$이므로 제1사분면에 위치한다.

45 거북이와 타조가 합해서 80마리가 있다. 다리의 총 합은 220개이다. 그렇다면 이 중에 거북이는 몇 마리인가?

① 50마리　　　　　　② 40마리

③ 30마리　　　　　　④ 20마리

GUIDE

거북이를 x마리라 하고, 타조를 y마리라 하면

$x + y = 80 \cdots \bigcirc$

$4x + 2y = 220 \cdots \bigcirc\!\bigcirc$

$2x + y = 110$

$2x + 80 - x = 110 (\because y = 80 - x)$

$x = 30,\ y = 50$

46 실수 집합에 연산 ◎가 다음과 같이 정의될 때 이 연산에 대한 설명 중 틀린 것은?

$$A \odot B = A + B - AB$$

① 항등원은 0이다.
② 교환법칙이 성립한다.
③ 결합법칙이 성립한다.
④ 1의 역원은 -1이다.

GUIDE

① $0 \odot B = 0 + B - 0 \cdot B = B$
   $A \odot 0 = A + 0 - A \cdot 0 = A$
   따라서 항등원은 0이다.
② $A \odot B = A + B - AB$
   $B \odot A = B + A - BA$
   따라서 교환법칙이 성립한다.
③ $A \odot (A \odot B) = A + (A \odot B) - A(A \odot B)$
   $(A \odot B) \odot A = (A \odot B) + A - (A \odot B) \cdot A$
   $A \odot (A \odot B) = (A \odot B) \odot A$
   따라서 결합법칙이 성립한다.
④ ①에서 항등원이 0이었으므로, 1과 -1을 주어진 식에 대입하여 연산했을 때의 값이 0이 되어야 한다.
   $1 \odot (-1) = 1 + (-1) - 1 \cdot (-1) = 1 \neq 0$

47 성인 100명에게 여행과 운동에 대한 선호도를 조사한 결과가 다음과 같았다. 여행과 운동을 모두 좋아하는 사람은 몇 명인가?

> • 여행을 좋아하는 사람 : 70명
> • 운동을 좋아하는 사람 : 50명
> • 어느 것도 좋아하지 않는 사람 : 10명

① 10 ② 20

③ 30 ④ 40

여행을 좋아하는 사람을 A라고 하고, 운동을 좋아하는 사람을 B라고 하면 어느 것도 좋아하지 않는 사람은 $(A \cup B)^c$가 된다. 성인 100명을 조사하였으므로 $(A \cup B)=90$이고, $A+B=120$에서 합집합을 뺀 나머지가 A와 B의 교집합이므로 여행과 운동을 모두 좋아하는 사람 수이다.

48 한 직선 위에서 시속 1km의 속도로 오른쪽 방향으로 등속 운동하는 두 물체가 있다. 두 물체의 왼쪽에 있는, 이 직선 상의 한 점 P로부터 두 물체까지의 거리의 비는 현재 4 : 1이다. 13시간 후 P로부터의 거리의 비가 7 : 5가 된다면 현재 P로부터 두 물체까지의 거리는 각각 몇 km인가?

① 6, 2 ② 8, 2

③ 12, 3 ④ 18, 32

P점을 기준으로 현재의 물체 A까지의 거리를 x, B까지의 거리를 y라 하면,
$x : y=4 : 1$
$x+13 : y+13=7 : 5$
위의 연립방정식의 해를 구하면, $x=8$, $y=2$이다.

 A에서 B까지 화살표를 따라 가는 길은 모두 몇 가지인가?

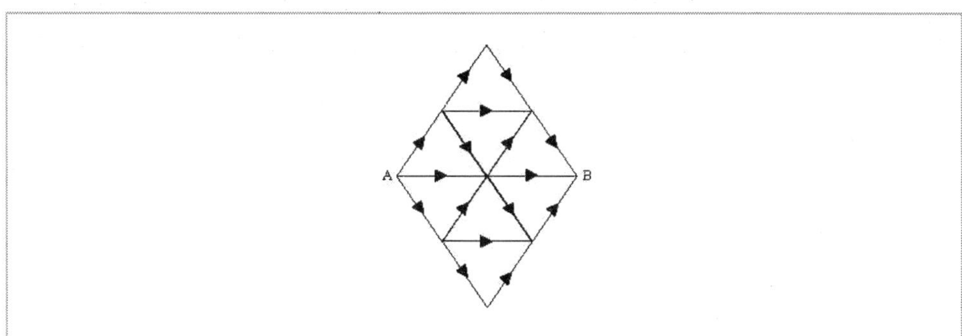

① 9

② 11

③ 13

④ 15

GUIDE

각 꼭짓점에 문자를 부여한 뒤 가능한 경로를 써 보면,

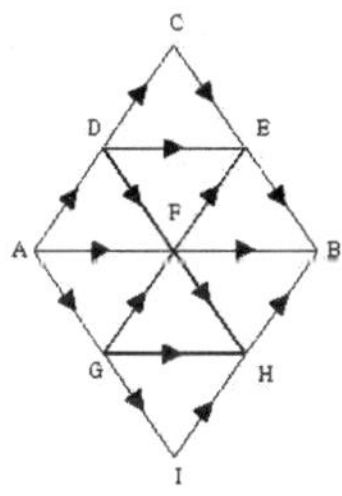

(ADCEB, ADEB, ADFEB, ADFHB, ADFB), (AGIHB, AGHB, AGFHB, AGFEB, AGFB), (AFB, AFEB, AFHB)
총 13가지가 있다.

50 어떤 종이에 색깔을 칠하는데, 녹색은 종이 전체의 3분의 1을 칠하고 분홍색은 종이 전체의 45%만큼 칠하며 어떤 색도 칠하지 않은 넓이는 전체의 32%가 되었다. 녹색과 분홍색이 겹치게 칠해진 부분이 27.9㎠일 때, 전체 종이의 넓이는?

① 260㎠ ② 270㎠

③ 310㎠ ④ 330㎠

51 다음 그림과 같이 두 거울 A와 B가 30도의 각을 이루고 있다. 거울 B에 평행하게 입사된 빛이 거울에 몇 번 반사되는가? (단, 입사각과 반사각은 같다)

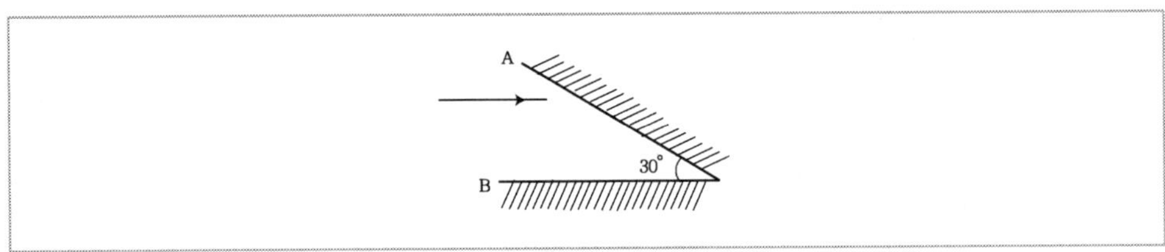

① 3 ② 4

③ 5 ④ 6

52 다음 그림과 같이 가로가 10cm, 세로가 8cm인 직사각형이 있다. 각 모서리에서 가로 $x$cm, 세로 $x$cm인 작은 정사각형 4개를 잘라낸 후 접어서 윗면이 없는 직육면체 모양의 용기를 만들었다. 이 용기에 48cm^{3}의 물을 넣었더니 가득 찼다. 이때 x가 될 수 있는 값은?

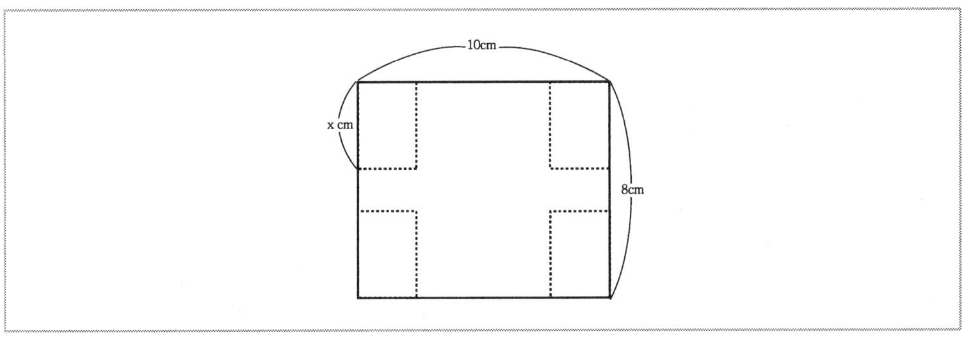

① 1.5

② 2

③ 2.5

④ 3

GUIDE

가로·세로 $x$cm씩 정사각형 4개를 자른 후의 모양의 가로 길이는 $10-2x$이고, 세로는 $8-2x$, 높이는 x가 된다.

부피는 가로 × 세로 × 높이로 윗면이 없는 직육면체 모양의 부피는 $(10-2x)\times(8-2x)\times x=48\,\text{cm}^3$이다. 이 식을 풀면 $x=2$가 나온다.

---

53 1,000쪽 분량의 책 한 권에 1부터 1,000까지의 수를 한 번씩만 사용하여 쪽 번호를 매겼다면 숫자 7은 총 몇 번 사용되었는가?

① 300

② 310

③ 320

④ 330

GUIDE

㉠ 7이 백의 자리에 오는 수 : 700대의 수 100개(701, 702, 703, …)
㉡ 7이 십의 자리에 오는 수 : 70대의 수 100개(10 × 10)
㉢ 7이 일의 자리에 오는 수 : 7대의 수 100개(10 × 10)

ANSWER ▸ 50.② 51.③ 52.② 53.①

54 수빈이네 상점에서는 4,000원짜리 실내화를 판매하고 있다. 세일기간을 맞이하여 하루에 500원씩 값을 내려가며 판매하였더니 하루에 10개씩 4일 동안 모두 판매 되었다. 세일기간동안 수빈이네 상점의 실내화 총 매출은 얼마인가?

① 90,000원　　　　　　　　　　② 15,000원
③ 110,000원　　　　　　　　　　④ 120,000원

GUIDE

$3,500 \times 10 + 3,000 \times 10 + 2,500 \times 10 + 2,000 \times 10 = 110,000$

55 톱니의 수가 각각 72개, 45개인 톱니바퀴 A, B가 서로 맞물려 있다. 두 톱니바퀴 가 회전하기 시작하여 최초로 다시 같은 톱니에서 맞물리려면 B는 몇 번 회전해 야 하는가?

① 5번　　　　　　　　　　② 6번
③ 7번　　　　　　　　　　④ 8번

GUIDE

72와 45의 최소공배수는 360이다. 따라서 두 톱니바퀴가 같은 톱니에서 처음으로 다시 맞물리려면 $360 \div 45 = 8$이므로 8번 회전해야 한다.

56 다음 중 소수가 아닌 것은?

① 29　　　　　　　　　　② 41
③ 43　　　　　　　　　　④ 51

GUIDE

④ 소수는 1과 자기 자신만으로 나누어지는 1보다 큰 양의 정수인데 51은 3으로도 나누어 떨어지므로 옳 지 않다.

57 연산 $*$, $\oplus$, $\#$가 다음과 같이 정의될 때, 다음 중 가장 큰 수는?

$$A * B = \left(\frac{A-B}{A+B}\right)$$
$$A \oplus B = (A+B)$$
$$A \# B = \sqrt{A^2+B^2}$$

① $3 \# (2 \oplus 5)$ ② $6 \oplus (5 * 3)$
③ $(4 * 2) \oplus 7$ ④ $(3 \oplus 3) \# 3$

GUIDE

① $(2 \oplus 5) = (2+5) = 7$

$3 \# 7 = \sqrt{3^2+7^2} = \sqrt{58} \fallingdotseq 7.6$

② $(5 * 3) = \left(\dfrac{5-3}{5+3}\right) = \dfrac{1}{4}$

$(6 \oplus 0.25) = (6+0.25) = 6.25$

③ $(4 * 2) = \left(\dfrac{4-2}{4+2}\right) = \dfrac{1}{3}$

$\dfrac{1}{3} \oplus 7 = \dfrac{1}{3} + 7 \fallingdotseq 7.33$

④ $(3 \oplus 3) = (3+3) = 6$

$6 \# 3 = \sqrt{6^2+3^2} = \sqrt{45} \fallingdotseq 6.7$

58 A기업에서는 매년 3월에 정기 승진 시험이 있다. 시험을 치른 사람이 남자사원, 여자사원을 합하여 총 100명이고 시험의 평균이 남자사원은 72점, 여자사원은 76점이며 남녀 전체평균은 73점일 때 시험을 치른 여자사원의 수는?

① 25명   ② 30명
③ 35명   ④ 40명

GUIDE

시험을 치른 여자사원의 수를 x라 하고 (여자사원의 총점)＋(남자사원의 총점)＝(전체 사원의 총점)이므로 $76x + 72(100-x) = 73 \times 100$이다.

식을 간단히 하면 $4x = 100$, $x = 25$

∴ 여자사원은 25명이다.

59 다음 수는 얼마인가?

$$\sqrt{2+\sqrt{2+\sqrt{2+\ldots}}}$$

① $\sqrt{3}$　　　　　　　　　② 2

③ π　　　　　　　　　　④ $\sqrt{5}$

GUIDE

$\sqrt{2+\sqrt{2+\sqrt{2+\ldots}}}$ 를 X로 치환

$X^2 = 2\sqrt{2+\sqrt{2+\sqrt{2+\ldots}}}$

$X^2 = 2X$

$X^2 - 2X = 0$

$X(X-2) = 0 \quad \rightarrow X = 0,\ 2$

$\therefore X = 2(\because 0$이 아닌 다른 수$)$

---

60 한 개의 동전을 두 번 던지는 시행에서 앞면이 나오면 200원, 뒷면이 나오면 50원의 상금을 받는다. 상금의 기댓값은?

① 125　　　　　　　　　② 200

③ 250　　　　　　　　　④ 400

GUIDE

(앞, 앞), (앞, 뒤), (뒤, 앞), (뒤, 뒤) 네 가지 경우가 가능하다.

기댓값은 $\dfrac{1}{4} \times (200+200) + \dfrac{1}{2} \times (200+50) + \dfrac{1}{4} \times (50+50) = 100+125+25 = 250$(원)

61 $a > 1,\ 0 > b > -1$일 때, 다음 중 가장 작은 수는?

① $a + b$ ② $a \times b$

③ $-b$ ④ $\dfrac{a}{b}$

GUIDE

$a = 2,\ 3,\ 4,\ 5 \cdots\cdots$

$b = -0.1,\ -0.2,\ -0.3 \cdots\cdots$

따라서 $a+b$, $-b$는 0보다 큰 양수이며 $a \times b$, $\dfrac{a}{b}$ 는 음수값을 갖는다.

따라서 둘 중 가장 작은 수는 $\dfrac{a}{b}$ 이다.

62 다음 세 수는 선분의 길이를 나타낸다. 삼각형이 만들어지는 조합은?

① $2,\ 5,\ 8$ ② $\sqrt{7},\ \sqrt{2},\ 1$

③ $\pi,\ 2\pi,\ \pi$ ④ $\pi,\ \sqrt{2},\ \pi - 1$

GUIDE

삼각형의 가장 긴 변의 길이가 나머지 두 변의 길이의 합보다 작아야만 삼각형이 성립한다.

① $2 + 5 < 8$

② $1 + \sqrt{2} < \sqrt{7}$

③ $\pi + \pi = 2\pi$

63 주사위를 두 번 던졌을 때 각각의 합이 5와 같거나 클 확률보다 각각의 합이 4와 같거나 클 확률이 얼마나 더 큰가?

① $\dfrac{1}{3}$

② $\dfrac{1}{6}$

③ $\dfrac{1}{9}$

④ $\dfrac{1}{12}$

주사위를 한 번 던지고 다시 던지는 경우이므로 첫 번째 던지는 경우를 x, 두 번째 던지는 경우를 y라고 하면 각각의 합이 5와 같거나 클 확률과 각각의 합이 4와 같거나 클 확률은 $P(x+y \geq 4) - P(x+y \geq 5)$가 된다. 따라서 구하려는 확률은 $P(x+y=4)$가 된다.

$(x,\ y) = (1,\ 3)\ (2,\ 2)\ (3,\ 1)$

$$\therefore\ P(x+y=4) = \frac{3}{6 \times 6} = \frac{1}{12}$$

64 길이가 1인 3개의 철사를 이용하여 원, 정삼각형, 정사각형을 만들었다. 면적이 큰 순서대로 늘어놓은 것은?

① 원 > 정삼각형 > 정사각형

② 정사각형 > 정삼각형 > 원

③ 원 > 정사각형 > 정삼각형

④ 정사각형 > 원 > 정삼각형

원둘레 $2\pi r$은 3이므로 $r \fallingdotseq 0.48$

각 도형의 넓이를 구하면

㉠ 원 $= \pi r^2$

$\quad = 3.14 \times 0.48^2 = 0.72$

㉡ 정사각형 $= 0.75^2 = 0.56$

㉢ 정삼각형 $= \dfrac{1}{2} \times 1 \times \dfrac{\sqrt{3}}{2} = \dfrac{\sqrt{3}}{4} \fallingdotseq 0.43$

65 홀수 층에서만 정지하는 엘리베이터가 있다. 한 층에서 다음 층까지 이동 시간은 5초이며, 문이 열리고 닫히는 데 3초가 걸린다. 11층에서 내려오기 시작하여 모든 홀수 층에서 정지하고, 1층까지 도착하는 데 걸리는 시간은 몇 초인가?

① 62

② 65

③ 68

④ 72

11층에서 1층까지 도착하는데는 총 10개층을 지나고 9층, 7층, 5층, 3층에서 정지하므로 총 62초가 소요된다.

66 A는 성묘를 위하여 20m² 넓이의 산소를 기계와 수작업용 가위를 1시간씩 사용하여 2시간 만에 모두 벌초하였다. 기계를 사용할 때의 벌초속도가 가위의 경우보다 3배 빠르다면 가위만 사용할 경우 몇 시간 걸리겠는가?

① 3

② 4

③ 5

④ 6

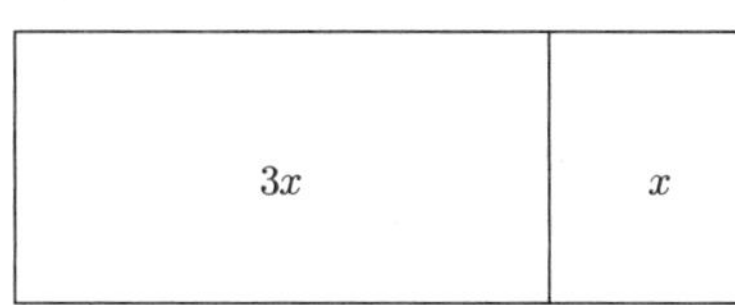

수작업 할 때 작업면적을 x라 하면 기계로 작업할 때의 작업면적은 $3x$가 된다.
$3x + x = 20$ ∴ $x = 5$
따라서 수작업 할 때 걸리는 시간은 $20 \div 5 = 4$(시간)가 된다.

67 어느 야구선수가 시합에 10번 참여하여 시합당 평균 0.6개의 홈런을 기록하였다. 앞으로 5번의 시합에 더 참여하여 총 15번 경기에서의 시합당 평균 홈런을 0.8개 이상으로 높이고자 한다. 남은 5번의 시합에서 최소 몇 개의 홈런을 쳐야하는가?

① 4

② 5

③ 6

④ 7

10번의 경기에서 평균 0.6개의 홈런→6개 홈런
15번의 경기에서 평균 0.8개의 홈런→12개 홈런
따라서 남은 5경기에서 최소 6개 이상의 홈런을 기록해야 한다.

68 창호는 연이자율 5%와 15%짜리 저축상품에 총 300만 원을 저축하였다. 1년 후 만기에 원금 300만 원에 대한 이자로 총 24만 원을 받는다면, 연이자율 15%짜리 상품에 저축한 금액은 얼마인가?

① 90만 원

② 150만 원

③ 170만 원

④ 210만 원

$x \times 0.05 + y \times 0.15 = 240,000$

$x + y = 3,000,000 \rightarrow x = 3,000,000 - y \cdots \bigcirc$

$\bigcirc$을 식에 대입하면

$0.05(3,000,000 - y) + 0.15y = 240,000$

$150,000 - 0.05y + 0.15y = 240,000$

$0.1y = 90,000$

$\therefore \ y = 900,000(원)$

69 상자 안에 파란 공 5개와 빨간 공 4개, 흰 공 2개가 들어있다. 이 상자에서 공을 두 개를 꺼낼 때, 파란 공을 두 개 꺼낼 확률을 A, 빨간 공을 꺼낸 후 흰 공을 꺼낼 확률을 B, 흰 공을 꺼낸 후 파란 공을 꺼낼 확률을 C라고 할 때, 다음 중 가장 큰 수는? (단, 꺼낸 공은 다시 넣지 않는다)

① A

② B+C

③ $\dfrac{A}{25B}$

④ A+B−C

70 1시간에 책을 60쪽씩 읽는 사람이 있다. 30분씩 읽고 난 후 5분씩 휴식하면서 3시간동안 읽으면 모두 몇 쪽을 읽게 되는가? (단, 읽는 속도는 일정하다)

① 155쪽

② 135쪽

③ 115쪽

④ 105쪽

71 다음 그림에서 (A)에 올 도형의 꼭짓점은 몇 개인가?

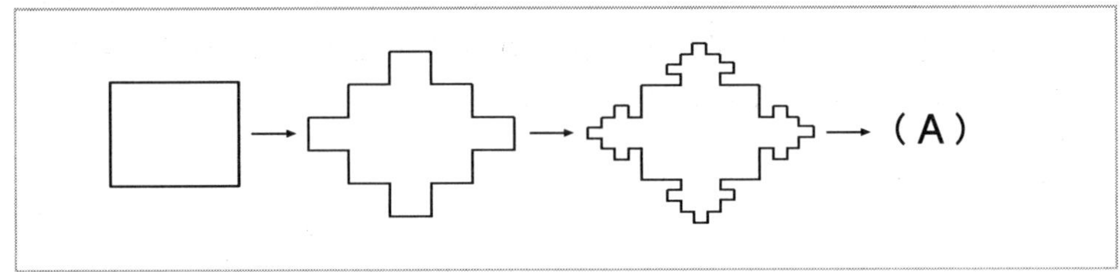

① 212

② 216

③ 220

④ 224

GUIDE

㉠ 첫 번째 도형의 꼭짓점의 개수는 4개이다.

㉡ 두 번째 도형에서는 기존 꼭짓점 4개와 각 변마다 사각형이 하나씩 추가되어 생긴 꼭짓점 $4 + (4 \times 4)$개가 증가하였다.

㉢ 세 번째 도형에서는 기존의 꼭짓점 20개와 각 변마다 세 개의 사각형이 추가되어 생긴 꼭짓점 $20 + (4 \times 3 \times 4)$개가 증가하였다.

㉣ 네 번째 도형역시 기존의 꼭짓점 68개와 세 번째 도형에서 가장 작은 세 개의 정사각형들의 튀어나온 세 변마다 작은 정사각형들이 다시 생겨나므로 한 변에 총 9개의 정사각형, 즉 네 변마다 그러하므로 $4 \times 9 \times 4 = 144$개의 꼭짓점이 추가로 증가하게 된다. 따라서 $68 + 144 = 212$(개)의 꼭짓점이 생긴다.

72 어떤 물건을 100개 구입하여, 사온 가격에 60%를 더한 가격 x로 40개를 팔았다. x에서 y%를 할인하여 나머지 60개를 팔았더니 본전이 되었다면 y는 얼마인가?

① 60

② 62.5

③ 65

④ 67.5

GUIDE

물건 1개의 구입가격을 1원이라고 가정하면
100개의 구입가격은 100원이 된다.

$\therefore x = 1.6$원

$$1.6 \times 40 + 1.6\left(1 - \frac{y}{100}\right) \times 60 = 100, \quad 64 + 96\left(1 - \frac{y}{100}\right) = 100$$

$$96\left(1 - \frac{y}{100}\right) = 36, \quad 1 - \frac{y}{100} = \frac{3}{8}$$

$$\frac{y}{100} = \frac{5}{8}, \quad 8y = 500$$

$$\therefore y = 62.5$$

73 주사위를 세 번 던져서 나오는 눈의 수를 각각 a, b, c라 할 때, $2a+2b+c=12$를 만족하게 될 확률은?

① $\dfrac{1}{6}$ ② $\dfrac{1}{12}$

③ $\dfrac{1}{24}$ ④ $\dfrac{1}{36}$

GUIDE

$1 \le (a, b, c) \le 6$

$c=1$일 때 $2a+2b=11 \rightarrow$ 거짓 $\quad \therefore c=$짝수일 때만 성립

㉠ $c=2$일 때

$2a+2b=10$, $2(a+b)=10$

$a+b=5$

$(a, b)=(1, 4)(2, 3)(3, 2)(4, 1)$

㉡ $c=4$일 때

$2a+2b=8$, $2(a+b)=8$

$a+b=4$

$(a, b)=(1, 3)(2, 2)(3, 1)$

㉢ $c=6$일 때

$2a+2b=6$, $2(a+b)=6$

$a+b=3$

$(a, b)=(1, 2)(2, 1)$

주사위 눈의 개수는 6개이고 세 번 던신다고 하였으므로

$$\dfrac{9}{6^3}=\dfrac{1}{24}$$

74 정삼각형 모양으로 길이 있는 세 지역 A, B, C가 있다. A에서 출발하여 B와 C를 거쳐 다시 A로 돌아올 때, 영희는 시속 3km로 일정하게 걸었고, 영철이는 A와 B 사이는 시속 2km, B와 C 사이는 시속 4km, C와 A 사이는 시속 6km로 걸었다. 동시에 A를 출발하여 둘이 다시 만날 때까지 걸린 시간은 얼마인가?

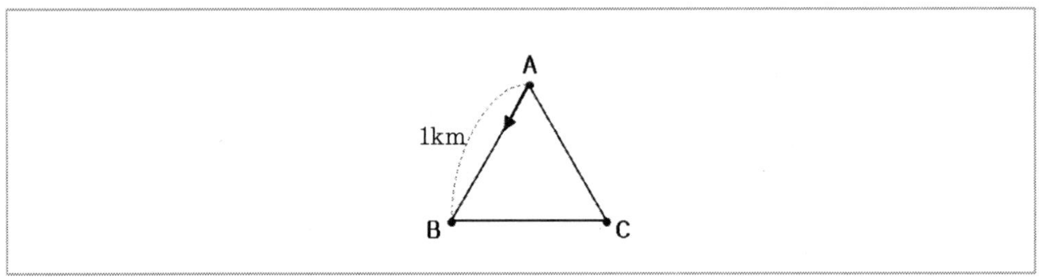

① 50분   ② 60분

③ 70분   ④ 80분

GUIDE

㉠ A→B
- 영희는 20분 후 도착→출발 후 20분
- 영철이는 30분 후 도착→출발 후 30분

㉡ B→C
- 영희는 20분 후 도착→출발 후 40분
- 영철이는 15분 후 도착→출발 후 45분

㉢ C→A
- 영희는 20분 후 도착→출발 후 60분
- 영철이는 10분 후 도착→출발 후 55분

따라서 C→A구간에서 영철이는 영희를 따라잡게 된다. 이때 영희는 C구간에서 40분에 출발하고 영철이는 45분에 출발한다. 따라서 영철이가 출발하기 전 5분간 영희는 0.25km를 더 가 있는 상태이고 영철이가 출발한 후 5분간 다시 0.25km를 더 가 0.5km 지점에 와있고 영철이는 5분 동안 0.5km를 가므로 서로 만나게 된다. 따라서 출발 후 50분이 지나면 둘은 다시 만난다.

---

75 $11 + 11^2 + \cdots + 11^{10}$의 일의 자리 수는?

① 0   ② 1

③ 4   ④ 7

GUIDE

11부터 11^{10}은 모두 끝에 자리 숫자가 1이므로 끝의 자리 수는 1을 총 10번 더한 값이 된다. 이때 십의 자리 숫자 1은 다음 자리로 넘어가므로 일의 자리 수는 0이 된다.

※ 산업부문 업종별 에너지 사용량 및 절감량에 관한 표이다. 다음 표를 보고 물음에 답하시오.
【76~77】

시점	항목	계	식품	섬유	제지 목재	화공	요업	금속	산업 기타
2013	사용량 (천toe)	80,565	1,135	961	1,507	22,056	5,347	33,903	15,656
	절감량 (천toe)	1,436	37	17	44	336	155	665	181
2014	사용량 (천toe)	87,353	1,137	909	1,377	22,416	5,435	37,667	18,412
	절감량 (천toe)	1,373	29	20	45	415	150	517	196
2015	사용량 (천toe)	89,990	1,168	901	1,293	23,259	5,558	37,988	19,824
	절감량 (천toe)	1,411	34	17	17	531	149	469	193

※ 에너지 절감율(%) $= \dfrac{\text{에너지 절감량}}{\text{에너지 사용량}} \times 100$

76 산업부문 업종별 에너지 사용량에 대한 설명으로 옳지 않은 것은?

① 에너지 사용량이 가장 많은 산업은 금속산업이다.

② 섬유산업의 에너지 사용량은 해마다 줄어들고 있다.

③ 요업산업과 금속산업의 에너지 사용량의 합은 전체 산업 에너지 사용량의 50%를 초과한다.

④ 화공산업과 요업산업의 에너지 사용량의 합은 금속산업의 에너지 사용량을 넘지 못한다.

③ 요업산업과 금속산업의 에너지 사용량의 합은 전체 산업 에너지 사용량의 50%를 넘지 않았다.

- 2013년 : $\dfrac{5,347+33,903}{80,565} \times 100 = 48.718\cdots$

- 2014년 : $\dfrac{5,435+37,667}{87,353} \times 100 = 49.342\cdots$

- 2015년 : $\dfrac{5,558+37,988}{89,990} \times 100 = 48.389\cdots$

77 산업부문 업종별 에너지 절감량에 대한 설명으로 옳은 것은?

① 2014년 에너지 절감율이 가장 높은 산업은 식품산업이다.

② 에너지 사용량이 많은 산업부문일수록 에너지 절감량이 많다.

③ 2015년에는 전체 산업 에너지 절감율이 1% 이하였다.

④ 2013년의 전체 산업 에너지 절감율은 1%를 초과했다.

① 에너지 절감율이 가장 높은 산업은 2013년과 2015년에는 식품산업, 2014년에는 제지목재산업이다.

② 에너지 사용량이 가장 많은 산업은 금속산업이지만, 2015년 에너지 절감량이 가장 많은 산업은 화공산업이다.

③ 2015년 전체 산업 에너지 절감율은 $\dfrac{1,411}{89,990} \times 100 = 1.567\cdots\%$를 기록했다.

78 다음은 도시 갑, 을, 병, 정의 공공시설 수에 대한 통계자료이다. A~D 도시를 바르게 연결한 것은?

(단위 : 개)

구분	2011			2012			2013		
	공공청사	문화시설	체육시설	공공청사	문화시설	체육시설	공공청사	문화시설	체육시설
A	472	54	36	479	57	40	479	60	42
B	239	14	22	238	15	22	247	16	23
C	94	5	9	96	5	10	100	6	10
D	96	14	10	98	13	12	98	13	12

※ 공공시설이란 공공청사, 문화시설, 체육시설만을 일컫는다고 가정한다.

ⓐ 병의 모든 공공시설은 나머지 도시들의 공공시설보다 수가 적지만 2013년에 처음으로 공공청사의 수가 을보다 많아졌다.
ⓑ 을을 제외하고 2012년 대비 2013년 공공시설 수의 증가율이 가장 작은 도시는 정이다.
ⓒ 2012년 갑의 공공시설 수는 2011년과 동일하다.

```
   A    B    C    D
① 갑   을   병   정
② 갑   정   병   을
③ 을   갑   병   정
④ 정   갑   병   을
```

GUIDE

ⓐ 모든 공공시설의 수가 나머지 도시들의 수보다 적은 도시는 C 도시이고, 2013년에 C도시의 공공청사의 수가 D 도시보다 많아졌으므로 C 도시는 병, D 도시는 을이다.
ⓑ 을(D 도시)을 제외하고 2012년 대비 2013년 공공시설 수의 증가는 A 5개, B 11개, C(병) 5개이다. A의 공공시설의 수가 월등히 많은 데 비해 증가 수는 많지 않으므로 증가율이 가장 작은 도시인 정은 A 도시이다.
ⓒ 2012년과 2013년의 공공시설 수가 같은 도시는 B 도시이다.
∴ A : 정, B : 갑, C : 병, D : 을

※ 다음은 특수교육대상자들의 사교육 여부에 대한 조사기록이다. 표를 보고 물음에 답하시오.
【79~80】

〈표1〉 학업 단계별 사교육여부

(단위 : 명)

구분	2014		2011	
	있음	없음	있음	없음
유치원	2,800	1,400	2,000	1,300
초등학교	19,000	14,100	21,100	14,000
중학교	9,500	12,600	10,400	11,500
고등학교	8,700	14,200	7,900	12,500

〈표2〉 학교 종류별 사교육여부

(단위 : 명)

구분		2014		2011	
		있음	없음	있음	없음
특수학교		7,900	13,300	8,900	12,600
일반학교	특수학급	22,500	23,200	24,000	20,500
	일반학급	9,600	5,800	8,500	6,200

79 2014년 전체 특수교육대상자들 중 일반학교의 일반학급에 다니며 사교육을 받고 있는 학생의 비율은?

① 약 9.6%
② 약 11.7%
③ 약 19.8%
④ 약 22.1%

$$\frac{9{,}600}{7{,}900+13{,}300+22{,}500+23{,}200+9{,}600+5{,}800}\times100\fallingdotseq11.7\%$$

80 2011년 전체 특수교육대상자들 중 초등학생의 비율은?

① 약 35.6%
② 약 39.1%
③ 약 43.5%
④ 약 48.2%

$$\frac{21{,}100+14{,}000}{2{,}000+1{,}300+21{,}100+14{,}000+10{,}400+11{,}500+7{,}900+12{,}500}\times100\fallingdotseq43.5\%$$

81 다음은 어떤 학교 학생의 학교에서 집까지의 거리를 조사한 결과이다. ㉠과 ㉡에 들어갈 수로 옳은 것은? (조사결과는 학교에서 집까지의 거리가 1km 미만인 사람과 1km 이상인 사람으로 나눠서 표시함)

성별	1km 미만	1km 이상	합계
남성	〔 〕（ %）	168（㉠%）	240(100%)
여성	〔㉡〕(36%)	〔 〕(64%)	200(100%)

	㉠	㉡
①	60	70
②	60	72
③	70	70
④	70	72

GUIDE

㉠ $\dfrac{168}{240} \times 100 = 70(\%)$

㉡ $200 \times 0.36 = 72(명)$

82 다음은 A 여론조사기관이 20대 이상 여론주도층 50명을 대상으로 중요한 사건 다섯 가지를 제시하고, 이 중에서 각자 중요하다고 생각하는 사건을 반드시 두 개씩 선택하게 한 후 이를 분석한 결과이다. 분석 결과에 대한 〈보기〉의 설명 중 옳은 것을 모두 고르면?

> 연령별로 본 중요 사건에 관한 분석은 다음과 같다. 한국전쟁은 전체응답수의 25 %를 차지하고 있고, 이 항목 응답자의 연령대별 분포는 20대가 12 %, 30대가 20 %, 40대가 28 %, 50대 이상이 40 %로 나타났다.
> 서울올림픽개최는 전체응답수의 24 %를 차지하고 있고, 이 항목 응답자의 연령대별 분포는 20대가 37.5 %, 30대가 25 %, 40대가 25 %, 50대 이상이 12.5 %로 나타났다. 그리고 4.19혁명과 광주민주화운동 및 월드컵개최는 각각 전체응답수의 21 %, 20 %, 10 %를 차지하고 있다.

〈보기〉
㉠ 월드컵개최를 중요한 사건이라고 선택한 응답자는 5명이다.
㉡ 한국전쟁을 중요한 사건이라고 선택한 50대 이상의 응답자는 10명이다.
㉢ 응답자들이 중요한 사건으로 가장 많이 선택한 사건은 한국전쟁이다.

① ㉠   ② ㉠, ㉡

③ ㉠, ㉢   ④ ㉡, ㉢

GUIDE

㉠ 월드컵개최는 전체응답수의 10 %이므로 10명이 선택하였다(∵ 서로 다른 사람들이 선택).
㉡ 한국전쟁은 전체응답수의 25 %, 즉 25명이 응답하였으며 이 중 50대 이상은 40 %이므로 10명이 된다.
㉢ 한국전쟁은 전체응답수의 25 %이므로, 다른 사건들(서울올림픽 24%, 4.19혁명 21%, 광주민주화운동 20%, 월드컵개최 10%)보다 높다.

83 다음 자료는 연도별 자동차 사고 발생상황을 정리한 것이다. 다음의 자료로부터 추론하기 어려운 내용은?

연도 \ 구분	발생건수(건)	사망자수(명)	10만명당 사망자 수(명)	차 1만대당 사망자 수(명)	부상자 수(명)
1997	246,452	11,603	24.7	11	343,159
1998	239,721	9,057	13.9	9	340,564
1999	275,938	9,353	19.8	8	402,967
2000	290,481	10,236	21.3	7	426,984
2001	260,579	8,097	16.9	6	386,539

① 연도별 자동차 수의 변화
② 운전자 1만명당 사고 발생 건수
③ 자동차 1만대당 사고율
④ 자동차 1만대당 부상자 수

GUIDE

① 연도별 자동차 수 $= \dfrac{\text{사망자 수}}{\text{차 1만대당 사망자 수}} \times 10{,}000$

② 운전자수가 제시되어 있지 않아서 운전자 1만명당 사고 발생 건수는 알 수 없다.

③ 자동차 1만대당 사고율 $= \dfrac{\text{발생건수}}{\text{자동차 수}} \times 10{,}000$

④ 자동차 1만대당 부상자 수 $= \dfrac{\text{부상자 수}}{\text{자동차 수}} \times 10{,}000$

84 표준 업무시간이 80시간인 업무를 각 부서에 할당해 본 결과, 다음과 같은 표를 얻었다. 어느 부서의 업무효율이 가장 높은가?

부서명	투입인원(명)	개인별 업무시간(시간)	회의	
			횟수(회)	소요시간(시간/회)
A	2	41	3	1
B	3	30	2	2
C	4	22	1	4
D	3	27	2	1

※ 1) 업무효율 = $\dfrac{\text{표준 업무시간}}{\text{총 투입시간}}$

2) 총 투입시간은 개인별 투입시간의 합임.
개인별 투입시간 = 개인별 업무시간 + 회의 소요시간

3) 부서원은 업무를 분담하여 동시에 수행할 수 있음.

4) 투입된 인원의 업무능력과 인원당 소요시간이 동일하다고 가정함.

① A ② B

③ C ④ D

GUIDE

㉠ 총 투입시간 = 투입인원 ×개인별 투입시간

㉡ 개인별 투입시간 = 개인별 업무시간 + 회의 소요시간

㉢ 회의 소요시간 = 횟수(회)×소요시간(시간/회)

∴ 총 투입시간 = 투입인원 ×(개인별 업무시간 + 횟수 × 소요시간)

각각 대입해서 총 투입시간을 구하면,

$A = 2 \times (41 + 3 \times 1) = 88$

$B = 3 \times (30 + 2 \times 2) = 102$

$C = 4 \times (22 + 1 \times 4) = 104$

$D = 3 \times (27 + 2 \times 1) = 87$

업무효율 = $\dfrac{\text{표준 업무시간}}{\text{총 투입시간}}$ 이므로, 총 투입시간이 적을수록 업무효율이 높다. D의 총 투입시간이 87로 가장 적으므로 업무효율이 가장 높은 부서는 D이다.

85 다음은 인터넷사용자의 인터넷 공유활동 참여현황이다. 이에 대한 설명으로 옳은 것은?

〈표〉 성별·연령별 인터넷 공유활동 참여율

(단위 : %)

구분		카페이용	카페 글 공유 경험	블로그 운영	댓글달기	동영상게시 경험
성별	남성	79.3	60.9	49.9	50.8	51.6
	여성	74.9	58.7	53.2	41.9	40.1
연령	10대	72.3	61.9	51.2	44.3	50.9
	20대	88.2	75.4	76.3	50.1	54.4
	30대	77.9	60.2	49.4	46.2	35.2
	40대	64.2	47.3	28.3	48.3	28.7

① 모든 영역에서 남성이 여성에 비해 상대적으로 활발히 활동하고 있다.

② 20대 사용자들은 다른 연령대에 비해 인터넷상의 공유활동 참여가 상대적으로 더 활발하다.

③ 10대와 30대의 공유활동 참여율을 높은 것부터 순위를 매긴다면 두 연령대의 영역별 순위는 동일하다.

④ 남녀 간 참여율 격차가 가장 큰 영역은 카페이용이다.

GUIDE

① 블로그 운영은 여성이 남성에 비해 더 활발히 활동하고 있다.

③ 10대와 30대의 공유활동 참여율을 높은 것부터 순위를 매긴다면 댓글달기와 동영상게시 경험에서 순위가 다르게 나타난다.

④ 남녀 간 참여율 격차가 가장 큰 영역은 동영상게시 경험이다.

86 다음 표는 우리나라의 지역별 기상통계에 관한 표이다. 이에 대한 설명으로 적절하지 않은 것은?

관측 지점별	2014. 11				2014. 12			
	평균기온 (℃)	강수량 (mm)	평균풍속 (m/s)	평균습도 (%)	평균기온 (℃)	강수량 (mm)	평균풍속 (m/s)	평균습도 (%)
속초	10.2	51.6	2.2	60.0	0.6	0.2	3.0	38.0
철원	5.6	42.2	1.3	70.0	-5.9	13.1	1.4	62.0
대관령	3.7	41.4	3.0	71.0	-6.7	11.7	5.9	61.0
서울	9.0	41.5	2.5	61.0	-2.9	17.9	2.8	56.0
인천	9.2	46.0	3.1	75.0	-2.1	24.3	4.1	70.0
울릉도	10.8	94.9	3.3	62.0	2.2	135.9	3.5	59.0
대전	8.5	40.7	1.2	77.0	-1.3	36.5	1.4	75.0
대구	10.3	45.3	1.5	60.0	1.2	5.5	2.4	47.0
부산	12.7	40.5	2.5	61.0	3.5	21.3	3.3	50.0
제주	13.9	100.3	3.1	68.0	7.3	47.2	4.9	64.0

① 2014년 11월에 평균 기온이 가장 높은 지역은 12월에도 평균 기온이 가장 높았다.

② 대구의 강수량은 2014년 11월보다 12월에 39.8mm 감소했다.

③ 2014년 11월과 12월을 비교했을 때 철원의 평균 풍속은 울릉도의 평균 풍속보다 변화가 크다.

④ 2014년 11월에 강수량이 가장 적은 지역은 부산이었지만, 12월에는 속초의 강수량이 가장 적다.

<hr>

GUIDE

③ 철원의 경우 1.3m/s에서 1.4m/s로 변화하였고, 울릉도의 경우 3.3m/s에서 3.5m/s로 변화하였으므로 울릉도의 평균 풍속의 변화가 더 크다.

87 다음 표는 우리나라의 교육관련 지표를 나타내는 표이다. 이에 대한 설명으로 옳은 것은?

(단위 : 만원, %)

교육관련 지표		2007	2008	2009	2010	2011	2012	2013
교육기회	유아교육 취학률	82.8	83.4	83.8	84.7	85.2	88.1	91.9
	고등교육 이수율	34.6	36.6	38.7	39.7	40.4	41.7	43.1
	평생교육 참여율	29.8	26.4	28	30.5	32.4	35.6	30.2
	학업 중단율	1.35	1.37	1.27	1.47	1.43	1.36	1.26
교육자원	학생 1인당 사교육비 지출액	25	24.8	25	24	23.1	21.6	21

※ 고등교육 이수율 : (고등교육 이수자 ÷ 만 25~64세 인구)×100

※ 학생 1인당 사교육비 지출액 : 한 달에 평균적으로 사교육에 소요되는 비용

※ 학생 1인당 평균 지출액 : 한 달에 평균적으로 지출하는 모든 비용

① 평생교육 참여율은 해마다 증가하고 있다.

② 학생 1인당 평균 지출액이 75만원이라고 할 때. 2011년에는 40% 이상을 사교육에 지출하였다.

③ 2008년 만 25~64세 인구가 1,510,000명이라고 할 때 고등교육 이수자는 500,000명이 넘는다.

④ 학업 중단율은 해마다 감소하고 있다.

GUIDE

③ $\dfrac{x(\text{고등교육 이수자})}{1,510,000(\text{만}25\sim64\text{세 인구})}\times100=36.6\%(\text{고등교육 이수율})$

$x=552,660>500,000$

① 평생교육 참여율은 증가와 감소가 모두 나타나고 있다.

② $\dfrac{231,000}{750,000}\times100=30.8\%<40\%$

④ 학업 중단율은 증가와 감소가 모두 나타나고 있다.

88 다음은 우리나라 사물인터넷 사업체 기술 인력 수 및 충원계획에 대한 표이다. 이에 대한 설명으로 옳은 것은?

(단위 : 명)

사물인터넷 사업 분야	2014년			2015년			2016년(충원계획)		
	초급	중급	고급	초급	중급	고급	초급	중급	고급
플랫폼	813	1,042	1,141	1,016	1,184	1,232	56	107	45
네트워크	2,355	1,936	650	2,649	2,091	953	62	38	7
제품기기	1,930	1,235	946	2,087	1,289	983	319	313	149
서비스	2,205	4,991	2,582	2,264	4,718	2,271	729	659	209

① 2014년보다 2015년에 총 기술 인력 수가 감소한 분야는 서비스 분야와 제품기기 분야이다.

② 2014년보다 2015년에 총 기술 인력 수가 가장 많이 증가한 분야는 플랫폼 분야이다.

③ 2015년에 총 기술 인력 수가 가장 적었던 분야의 2016년 총 기술 인력 충원계획 수가 가장 적다.

④ 2014년과 2015년에 총 기술 인력 수가 5,000명 이상이었던 분야는 서비스분야뿐이다.

---

① 2014년보다 2015년에 총 기술 인력 수가 감소한 분야는 서비스 분야뿐이다.

② 2014년보다 2015년에 총 기술 인력 수가 가장 많이 증가한 분야는 네트워크 분야이다.

③ 2015년에 총 기술 인력이 가장 적었던 분야는 플랫폼 분야인데, 이 분야의 2016년 충원계획 총 명수는 네트워크 분야보다 많다.

※ 다음 표는 가구 월평균 교통비 지출액 및 지출율에 관한 표이다. 다음 표를 보고 물음에 답하시오. 【89~90】

(단위 : 1,000원, %)

		2010	2011	2012	2013	2014	2015
월평균 교통비 (1,000원)	전체	271	295	302	308	334	322
	개인교통비	215	238	242	247	271	258
	대중교통비	56	57	60	61	63	63
교통비 지출율 (%)	전체	11.9	12.3	12.3	12.4	13.1	12.5
	개인교통비	9.4	9.9	9.8	10	10.6	10.1
	대중교통비	2.4	2.4	2.4	2.4	2.5	2.5

* 교통비 지출율 : 가구 월평균 소비지출 중 교통비가 차지하는 비율
* 개인교통비 : 자동차 구입비, 기타 운송기구(오토바이, 자전거 등) 구입비, 운송기구 유지 및 수리비(부품 및 관련용품, 유지 및 수리비), 운송기구 연료비, 기타 개인교통서비스(운전교습비, 주차료, 통행료, 기타 개인교통) 등 포함
* 대중교통비 : 철도운송비, 육상운송비, 기타운송비(항공, 교통카드 이용, 기타 여객운송) 등 포함

89 위의 표에 대한 설명으로 옳은 것은?

① 2010년 월평균 교통비에서 개인교통비는 80% 이상을 차지한다.
② 2011년 월평균 교통비에서 대중교통비는 20% 이상을 차지한다.
③ 2012년 월평균 교통비에서 개인교통비는 80% 이상을 차지한다.
④ 전체교통비는 해마다 증가한다.

GUIDE

③ 242÷302×100=80.13
① 215÷271×100=79.33
② 57÷295×100=19.32
④ 2015년에는 전체교통비가 감소했다.

90 2015년의 가구 월평균 소비지출은 얼마인가?

① 2,573,000

② 2,574,000

③ 2,575,000

④ 2,576,000

가구 월평균 소비지출 중 교통비가 차지하는 비율이 교통비 지출율이므로 이를 이용해서 2015년 가구 월평균 소비지출을 구할 수 있다.

$$2015년\ 가구\ 월평균\ 소비지출 = \frac{322,000}{0.125} = 2,576,000원$$

인성검사(성격검사)

인성검사(성격검사)의 개요와 유형에 대해 미리 파악하고 실전에 대비함으로써 보다
완벽한 취업준비가 가능하도록 하였습니다.

인성검사의 개요

1 허구성 척도의 질문을 파악한다.

인성검사의 질문에는 허구성 척도를 측정하기 위한 질문이 숨어있음을 유념해야 한다. 예를 들어 '나는 지금까지 거짓말을 한 적이 없다.' '나는 한 번도 화를 낸 적이 없다.' '나는 남을 헐뜯거나 비난한 적이 한 번도 없다.' 이러한 질문이 있다고 가정해보자. 상식적으로 보통 누구나 태어나서 한번은 거짓말을 한 경험이 있을 것이며 화를 낸 경우도 있을 것이다. 대부분의 구직자가 자신을 좋은 인상으로 포장하는 것도 자연스러운 일이다. 따라서 허구성을 측정하는 질문에 다소 거짓으로 '그렇다'라고 답하는 것은 전혀 문제가 되지 않는다. 하지만 지나치게 좋은 성격을 염두에 두고 허구성을 측정하는 질문에 전부 '그렇다'고 대답을 한다면 허구성 척도의 득점이 극단적으로 높아지며 이는 검사항목 전체에서 구직자의 성격이나 특성이 반영되지 않았음을 나타내 불성실한 답변으로 신뢰성이 의심받게 되는 것이다. 인성검사의 문항은 각 개인의 특성을 알아보고자 하는 것으로 절대적으로 옳거나 틀린 답이 없다. 결과를 지나치게 의식하여 솔직하게 응답하지 않으면 과장 반응으로 분류될 수 있음을 기억하자!

2 '대체로', '가끔' 등의 수식어를 확인한다.

'대체로', '종종', '가끔', '항상', '대개' 등의 수식어는 대부분의 인성검사에서 자주 등장한다. 이러한 수식어가 붙은 질문을 접했을 때 구직자들은 조금 고민하게 된다. 하지만 아직 답해야 할 질문들이 많음을 기억해야 한다. 앞에서 '가끔', '때때로'라는 수식어가 붙은 질문이 나온다면 뒤에는 '항상', '대체로'의 수식어가 붙은 똑같은 내용의 질문이 이어지는 경우가 많다. 따라서 자주 사용되는 수식어를 적절히 구분할 줄 알아야 한다.

3 솔직하게 있는 그대로 표현한다.

인성검사는 평범한 일상생활 내용들을 다룬 짧은 문장과 어떤 대상이나 일에 대한 선호를 선택하는 문장으로 구성되었으므로 평소에 자신이 생각한 바를 너무 골똘히 생각하지 말고 문제를 보는 순간 떠오른 것을 표현한다. 또한 간혹 반복되는 문제들이 출제되기 때문에 일관성 있게 답하지 않으면 감점될 수 있으므로 유의한다.

4 모든 문제를 신속하게 대답한다.

인성검사는 시간제한이 없는 것이 원칙이지만 기업체들은 일정한 시간제한을 두고 있다. 인성검사는 개인의 성격과 자질을 알아보기 위한 검사이기 때문에 정답이 없다. 다만, 기업체에서 바람직하게 생각하거나 기대되는 결과가 있을 뿐이다. 따라서 시간에 쫓겨서 대충 대답을 하는 것은 바람직하지 못하다.

5 자신의 성향과 사고방식을 미리 정리한다.

기업의 인재상을 기초로 하여 일관성, 신뢰성, 진실성 있는 답변을 염두에 두고 꼼꼼히 풀다보면 분명 시간의 촉박함을 느낄 것이다. 따라서 각각의 질문을 너무 골똘히 생각하거나 고민하지 말자. 대신 시험 전에 여유 있게 자신의 성향이나 사고방식에 대해 정리해보는 것이 필요하다.

6 마지막까지 집중해서 검사에 임한다.

장시간 진행되는 검사에 지칠 수 있으므로 마지막까지 집중해서 정확히 답할 수 있도록 해야 한다.

실전 인성검사

※ 다음 제시된 문항이 당신에게 적합하다면 YES, 그렇지 않다면 NO를 선택하시오. 【1~250】

※ 인성검사는 응시자의 인성을 파악하기 위한 도구이므로 정답이 존재하지 않습니다.

YES   NO

1. 조금이라도 나쁜 소식은 절망의 시작이라고 생각해버린다. ·····( )( )
2. 언제나 실패가 걱정이 되어 어쩔 줄 모른다. ·····( )( )
3. 다수결의 의견에 따르는 편이다. ·····( )( )
4. 혼자서 커피숍에 들어가는 것은 전혀 두려운 일이 아니다. ·····( )( )
5. 승부근성이 강하다. ·····( )( )
6. 자주 흥분해서 침착하지 못하다. ·····( )( )
7. 지금까지 살면서 타인에게 폐를 끼친 적이 없다. ·····( )( )
8. 소곤소곤 이야기하는 것을 보면 자기에 대해 험담하고 있는 것으로 생각된다. ·····( )( )
9. 무엇이든지 자기가 나쁘다고 생각하는 편이다. ·····( )( )
10. 자신을 변덕스러운 사람이라고 생각한다. ·····( )( )
11. 고독을 즐기는 편이다. ·····( )( )
12. 자존심이 강하다고 생각한다. ·····( )( )
13. 금방 흥분하는 성격이다. ·····( )( )
14. 거짓말을 한 적이 없다. ·····( )( )
15. 신경질적인 편이다. ·····( )( )
16. 끙끙대며 고민하는 타입이다. ·····( )( )
17. 감정적인 사람이라고 생각한다. ·····( )( )
18. 자신만의 신념을 가지고 있다. ·····( )( )
19. 다른 사람을 바보 같다고 생각한 적이 있다. ·····( )( )
20. 금방 말해버리는 편이다. ·····( )( )
21. 싫어하는 사람이 없다. ·····( )( )
22. 대재앙이 오지 않을까 항상 걱정을 한다. ·····( )( )
23. 쓸데없는 고생을 사서 하는 일이 많다. ·····( )( )

YES   NO

24. 자주 생각이 바뀌는 편이다. ·······························( )( )
25. 문제점을 해결하기 위해 여러 사람과 상의한다. ·······( )( )
26. 내 방식대로 일을 한다. ···································( )( )
27. 영화를 보고 운 적이 많다. ·······························( )( )
28. 어떤 것에 대해서도 화낸 적이 없다. ····················( )( )
29. 사소한 충고에도 걱정을 한다. ··························( )( )
30. 자신은 도움이 안되는 사람이라고 생각한다. ···········( )( )
31. 금방 싫증을 내는 편이다. ·······························( )( )
32. 개성적인 사람이라고 생각한다. ························( )( )
33. 자기 주장이 강한 편이다. ·······························( )( )
34. 산만하다는 말을 들은 적이 있다. ······················( )( )
35. 학교를 쉬고 싶다고 생각한 적이 한 번도 없다. ········( )( )
36. 사람들과 관계맺는 것을 잘하지 못한다. ···············( )( )
37. 사려깊은 편이다. ···( )( )
38. 몸을 움직이는 것을 좋아한다. ··························( )( )
39. 끈기가 있는 편이다. ·····································( )( )
40. 신중한 편이라고 생각한다. ·····························( )( )
41. 인생의 목표는 큰 것이 좋다. ···························( )( )
42. 어떤 일이라도 바로 시작하는 타입이다. ···············( )( )
43. 낯가림을 하는 편이다. ··································( )( )
44. 생각하고 나서 행동하는 편이다. ·······················( )( )
45. 쉬는 날은 밖으로 나가는 경우가 많다. ·················( )( )
46. 시작한 일은 반드시 완성시킨다. ·······················( )( )
47. 면밀한 계획을 세운 여행을 좋아한다. ··················( )( )
48. 야망이 있는 편이라고 생각한다. ·······················( )( )
49. 활동력이 있는 편이다. ··································( )( )
50. 많은 사람들과 왁자지껄하게 식사하는 것을 좋아하지 않는다. ··( )( )
51. 돈을 허비한 적이 없다. ··································( )( )
52. 운동회를 아주 좋아하고 기대했다. ·····················( )( )
53. 하나의 취미에 열중하는 타입이다. ·····················( )( )
54. 모임에서 회장에 어울린다고 생각한다. ·················( )( )
55. 입신출세의 성공이야기를 좋아한다. ····················( )( )
56. 어떠한 일도 의욕을 가지고 임하는 편이다. ·············( )( )
57. 학급에서는 존재감이 미미했다. ························( )( )

58. 항상 무언가를 생각하고 있다. ·······························(　)(　)

59. 스포츠는 보는 것보다 하는 게 좋다. ·····················(　)(　)

60. '참 잘했네요'라는 말을 듣는다. ····························(　)(　)

61. 흐린 날은 반드시 우산을 가지고 간다. ···················(　)(　)

62. 주연상을 받을 수 있는 배우를 좋아한다. ·················(　)(　)

63. 공격하는 타입이라고 생각한다. ···························(　)(　)

64. 리드를 받는 편이다. ······································(　)(　)

65. 너무 신중해서 기회를 놓친 적이 있다. ···················(　)(　)

66. 시원시원하게 움직이는 타입이다. ························(　)(　)

67. 야근을 해서라도 업무를 끝낸다. ·························(　)(　)

68. 누군가를 방문할 때는 반드시 사전에 확인한다. ·········(　)(　)

69. 노력해도 결과가 따르지 않으면 의미가 없다. ···········(　)(　)

70. 무조건 행동해야 한다. ····································(　)(　)

71. 유행에 둔감하다고 생각한다. ····························(　)(　)

72. 정해진 대로 움직이는 것은 시시하다. ···················(　)(　)

73. 꿈을 계속 가지고 있고 싶다. ·····························(　)(　)

74. 질서보다 자유를 중요시하는 편이다. ····················(　)(　)

75. 혼자서 취미에 몰두하는 것을 좋아한다. ·················(　)(　)

76. 직관적으로 판단하는 편이다. ····························(　)(　)

77. 영화나 드라마를 보면 등장인물의 감정에 이입된다. ·····(　)(　)

78. 시대의 흐름에 역행해서라도 자신을 관철하고 싶다. ·····(　)(　)

79. 다른 사람의 소문에 관심이 없다. ·······················(　)(　)

80. 창조적인 편이다. ··(　)(　)

81. 비교적 눈물이 많은 편이다. ·····························(　)(　)

82. 융통성이 있다고 생각한다. ·······························(　)(　)

83. 친구의 휴대전화 번호를 잘 모른다. ·····················(　)(　)

84. 스스로 고안하는 것을 좋아한다. ·························(　)(　)

85. 정이 두터운 사람으로 남고 싶다. ·······················(　)(　)

86. 조직의 일원으로 별로 안 어울린다. ·····················(　)(　)

87. 세상의 일에 별로 관심이 없다. ··························(　)(　)

88. 변화를 추구하는 편이다. ································(　)(　)

89. 업무는 인간관계로 선택한다. ····························(　)(　)

90. 환경이 변하는 것에 구애되지 않는다. ···················(　)(　)

91. 불안감이 강한 편이다. ··································(　)(　)

92. 인생은 살 가치가 없다고 생각한다. ···(　)(　)

93. 의지가 약한 편이다. ··(　)(　)

94. 다른 사람이 하는 일에 별로 관심이 없다. ···(　)(　)

95. 사람을 설득시키는 것은 어렵지 않다. ··(　)(　)

96. 심심한 것을 못 참는다. ··(　)(　)

97. 다른 사람을 욕한 적이 한 번도 없다. ···(　)(　)

98. 다른 사람에게 어떻게 보일지 신경을 쓴다. ··(　)(　)

99. 금방 낙심하는 편이다. ··(　)(　)

100. 다른 사람에게 의존하는 경향이 있다. ···(　)(　)

101. 그다지 융통성이 있는 편이 아니다. ··(　)(　)

102. 다른 사람이 내 의견에 간섭하는 것이 싫다. ·····································(　)(　)

103. 낙천적인 편이다. ···(　)(　)

104. 숙제를 잊어버린 적이 한 번도 없다. ··(　)(　)

105. 밤길에는 발소리가 들리기만 해도 불안하다. ·····································(　)(　)

106. 상냥하다는 말을 들은 적이 있다. ···(　)(　)

107. 자신은 유치한 사람이다. ··(　)(　)

108. 잡담을 하는 것보다 책을 읽는 게 낫다. ···(　)(　)

109. 나는 영입에 적합한 타입이라고 생각한다. ··(　)(　)

110. 술자리에서 술을 마시지 않아도 흥을 돋울 수 있다. ························(　)(　)

111. 한 번도 병원에 간 적이 없다. ··(　)(　)

112. 나쁜 일은 걱정이 되어서 어쩔 줄을 모른다. ····································(　)(　)

113. 금세 무기력해지는 편이다. ··(　)(　)

114. 비교적 고분고분한 편이라고 생각한다. ···(　)(　)

115. 독자적으로 행동하는 편이다. ··(　)(　)

116. 적극적으로 행동하는 편이다. ··(　)(　)

117. 금방 감격하는 편이다. ···(　)(　)

118. 어떤 것에 대해서 불만을 가진 적이 없다. ··(　)(　)

119. 밤에 못 잘 때가 많다. ··(　)(　)

120. 자주 후회하는 편이다. ···(　)(　)

121. 뜨거워지기 쉽고 식기 쉽다. ··(　)(　)

122. 자신만의 세계를 가지고 있다. ··(　)(　)

123. 많은 사람 앞에서도 긴장하는 일은 없다. ···(　)(　)

124. 말하는 것을 아주 좋아한다. ··(　)(　)

125. 인생을 포기하는 마음을 가진 적이 한 번도 없다. ····························(　)(　)

YES　NO

126. 어두운 성격이다. ···(　)(　)

127. 금방 반성한다. ···(　)(　)

128. 활동범위가 넓은 편이다. ···(　)(　)

129. 자신을 끈기 있는 사람이라고 생각한다. ··················(　)(　)

130. 좋다고 생각하더라도 좀 더 검토하고 나서 실행한다. ···(　)(　)

131. 위대한 인물이 되고 싶다. ···(　)(　)

132. 한 번에 많은 일을 떠맡아도 힘들지 않다. ···············(　)(　)

133. 사람과 만날 약속은 부담스럽다. ·······························(　)(　)

134. 질문을 받으면 충분히 생각하고 나서 대답하는 편이다. ···(　)(　)

135. 머리를 쓰는 것보다 땀을 흘리는 일이 좋다. ············(　)(　)

136. 결정한 것에는 철저히 구속받는다. ··························(　)(　)

137. 외출 시 문을 잠갔는지 몇 번을 확인한다. ···············(　)(　)

138. 이왕 할 거라면 일등이 되고 싶다. ···························(　)(　)

139. 과감하게 도전하는 타입이다. ···································(　)(　)

140. 자신은 사교적이 아니라고 생각한다. ·······················(　)(　)

141. 무심코 도리에 대해서 말하고 싶어진다. ··················(　)(　)

142. '항상 건강하네요'라는 말을 듣는다. ·························(　)(　)

143. 단념하면 끝이라고 생각한다. ···································(　)(　)

144. 예상하지 못한 일은 하고 싶지 않다. ·······················(　)(　)

145. 파란만장하더라도 성공하는 인생을 걷고 싶다. ·········(　)(　)

146. 활기찬 편이라고 생각한다. ·······································(　)(　)

147. 소극적인 편이라고 생각한다. ···································(　)(　)

148. 무심코 평론가가 되어 버린다. ·································(　)(　)

149. 자신은 성급하다고 생각한다. ···································(　)(　)

150. 꾸준히 노력하는 타입이라고 생각한다. ··················(　)(　)

151. 내일의 계획이라도 메모한다. ···································(　)(　)

152. 리더십이 있는 사람이 되고 싶다. ···························(　)(　)

153. 열정적인 사람이라고 생각한다. ·······························(　)(　)

154. 다른 사람 앞에서 이야기를 잘 하지 못한다. ············(　)(　)

155. 통찰력이 있는 편이다. ···(　)(　)

156. 엉덩이가 가벼운 편이다. ···(　)(　)

157. 여러 가지로 구애됨이 있다. ·····································(　)(　)

158. 돌다리도 두들겨 보고 건너는 쪽이 좋다. ·················(　)(　)

159. 자신에게는 권력욕이 있다. ·······································(　)(　)

160. 업무를 할당받으면 기쁘다. ·······································( )( )

161. 사색적인 사람이라고 생각한다. ·································( )( )

162. 비교적 개혁적이다. ···( )( )

163. 좋고 싫음으로 정할 때가 많다. ·······························( )( )

164. 전통에 구애되는 것은 버리는 것이 적절하다. ··········( )( )

165. 교제 범위가 좁은 편이다. ·······································( )( )

166. 발상의 전환을 할 수 있는 타입이라고 생각한다. ······( )( )

167. 너무 주관적이어서 실패한다. ·································( )( )

168. 현실적이고 실용적인 면을 추구한다. ·······················( )( )

169. 내가 어떤 배우의 팬인지 아무도 모른다. ···············( )( )

170. 현실보다 가능성이다. ···( )( )

171. 마음이 담겨 있으면 선물은 아무 것이나 좋다. ········( )( )

172. 여행은 마음대로 하는 것이 좋다. ···························( )( )

173. 추상적인 일에 관심이 있는 편이다. ·······················( )( )

174. 일은 대담히 하는 편이다. ·······································( )( )

175. 괴로워하는 사람을 보면 우선 동정한다. ·················( )( )

176. 가치기준은 자신의 안에 있다고 생각한다. ··············( )( )

177. 조용히고 조심스러운 편이디. ·································( )( )

178. 상상력이 풍부한 편이라고 생각한다. ·····················( )( )

179. 의리, 인정이 두터운 상사를 만나고 싶다. ··············( )( )

180. 인생의 앞날을 알 수 없어 재미있다. ·····················( )( )

181. 밝은 성격이다. ···( )( )

182. 별로 반성하지 않는다. ···( )( )

183. 활동범위가 좁은 편이다. ···( )( )

184. 자신을 시원시원한 사람이라고 생각한다. ···············( )( )

185. 좋다고 생각하면 바로 행동한다. ·····························( )( )

186. 좋은 사람이 되고 싶다. ···( )( )

187. 한 번에 많은 일을 떠맡는 것은 골칫거리라고 생각한다. ·····( )( )

188. 사람과 만날 약속은 즐겁다. ·····································( )( )

189. 질문을 받으면 그때의 느낌으로 대답하는 편이다. ·····( )( )

190. 땀을 흘리는 것보다 머리를 쓰는 일이 좋다. ···········( )( )

191. 결정한 것이라도 그다지 구속받지 않는다. ··············( )( )

192. 외출 시 문을 잠갔는지 별로 확인하지 않는다. ·········( )( )

193. 지위에 어울리면 된다. ···( )( )

194. 안전책을 고르는 타입이다. ··( )( )
195. 자신은 사교적이라고 생각한다. ···( )( )
196. 도리는 상관없다. ··( )( )
197. '침착하네요'라는 말을 듣는다. ···( )( )
198. 단념이 중요하다고 생각한다. ··( )( )
199. 예상하지 못한 일도 해보고 싶다. ··( )( )
200. 평범하고 평온하게 행복한 인생을 살고 싶다. ······························( )( )
201. 몹시 귀찮아하는 편이라고 생각한다. ··( )( )
202. 특별히 소극적이라고 생각하지 않는다. ··( )( )
203. 이것저것 평하는 것이 싫다. ···( )( )
204. 자신은 성급하지 않다고 생각한다. ···( )( )
205. 꾸준히 노력하는 것을 잘 하지 못한다. ···( )( )
206. 내일의 계획은 머릿속에 기억한다. ···( )( )
207. 협동성이 있는 사람이 되고 싶다. ··( )( )
208. 열정적인 사람이라고 생각하지 않는다. ··( )( )
209. 다른 사람 앞에서 이야기를 잘한다. ···( )( )
210. 행동력이 있는 편이다. ···( )( )
211. 엉덩이가 무거운 편이다. ··( )( )
212. 특별히 구애받는 것이 없다. ···( )( )
213. 돌다리는 두들겨 보지 않고 건너도 된다. ······································( )( )
214. 자신에게는 권력욕이 없다. ··( )( )
215. 업무를 할당받으면 부담스럽다. ··( )( )
216. 활동적인 사람이라고 생각한다. ··( )( )
217. 비교적 보수적이다. ··( )( )
218. 손해인지 이익인지로 정할 때가 많다. ··( )( )
219. 전통을 견실히 지키는 것이 적절하다. ··( )( )
220. 교제 범위가 넓은 편이다. ··( )( )
221. 상식적인 판단을 할 수 있는 타입이라고 생각한다. ·······················( )( )
222. 너무 객관적이어서 실패한다. ··( )( )
223. 보수적인 면을 추구한다. ··( )( )
224. 내가 누구의 팬인지 주변의 사람들이 안다. ··································( )( )
225. 가능성보다 현실이다. ···( )( )
226. 그 사람이 필요한 것을 선물하고 싶다. ···( )( )
227. 여행은 계획적으로 하는 것이 좋다. ···( )( )
228. 구체적인 일에 관심이 있는 편이다. ···( )( )

229. 일은 착실히 하는 편이다. ···( )( )
230. 괴로워하는 사람을 보면 우선 이유를 생각한다. ···( )( )
231. 가치기준은 자신의 밖에 있다고 생각한다. ··( )( )
232. 밝고 개방적인 편이다. ···( )( )
233. 현실 인식을 잘하는 편이라고 생각한다. ···( )( )
234. 공평하고 공적인 상사를 만나고 싶다. ···( )( )
235. 시시해도 계획적인 인생이 좋다. ···( )( )
236. 적극적으로 사람들과 관계를 맺는 편이다. ··( )( )
237. 활동적인 편이다. ···( )( )
238. 몸을 움직이는 것을 좋아하지 않는다. ···( )( )
239. 쉽게 질리는 편이다. ···( )( )
240. 경솔한 편이라고 생각한다. ···( )( )
241. 인생의 목표는 손이 닿을 정도면 된다. ··( )( )
242. 무슨 일도 좀처럼 시작하지 못한다. ··( )( )
243. 초면인 사람과도 바로 친해질 수 있다. ··( )( )
244. 행동하고 나서 생각하는 편이다. ··( )( )
245. 쉬는 날은 집에 있는 경우가 많다. ··( )( )
246. 완성되기 전에 포기하는 경우가 많다. ···( )( )
247. 계획 없는 여행을 좋아한다. ··( )( )
248. 욕심이 없는 편이라고 생각한다. ··( )( )
249. 활동력이 별로 없다. ···( )( )
250. 많은 사람들과 왁자지껄하게 식사하는 것을 좋아한다. ································( )( )

경제 · 금융 및 IT 기초지식

경제 · 금융 상식 및 IT 기초지식을 엄선하여 한눈에 파악할 수 있도록
요약 · 정리하였습니다.

경제·금융 및 IT 기초지식

경제 · 금융지식

1 거시경제

〉〉 Tobin의 q이론

미국의 경제학자인 제임스 토빈(James Tobin)이 창시한 개념으로, 주식시장에서 평가된 기업의 시장가치를 기업 실물자본의 대체비용으로 나눈 비율이다. 주로 설비투자의 동향을 설명하거나 기업의 가치평가에 이용되는 지표로, Tobin의 q이론에 의하면 기업은 1단위 실물투자로 기업가치가 증대될 수 있을 경우 M&A 등과 같은 시장지배 보다는 투자확대를 추구한다고 본다.

〉〉 배드뱅크(bad bank)

은행 등 금융기관의 부실자산이나 채권만을 사들여 전문적으로 처리하는 기관이다. 방만한 운영으로 부실자산이나 채권이 발생한 경우, 배드뱅크를 자회사로 설립하여 그곳으로 부실자산이나 채권을 넘겨줌으로써 본 은행은 우량자산과 채권만을 보유한 굿뱅크(good bank)로 전환되어 정상적인 영업활동이 가능하다.

〉〉 디레버리지(deleverage)

레버리지(leverage)는 '지렛대'라는 의미로 금융권에서는 차입의 의미로 사용된다. 디레버리지는 레버리지의 반대어로 상환의 의미를 가진다. 경기가 좋을 때에는 빚을 지렛대 삼아 투자수익률을 극대화하는 레버리지가 효과적이지만, 최근 금융위기로 자산가치가 폭락하자 빚을 상환하는 디레버리지가 급선무가 되었다. 다만 2012년 하반기 이후 디레버리지 속도가 다소 둔화되었다.

〉〉 소프트패치(Soft patch)

앨런 그린스펀 미 연방준비제도이사회(FRB) 의장이 2002년 처음으로 사용한 이후 널리 쓰이고 있는 말로, 경기 회복 국면에서 본격적인 후퇴는 아니지만 일시적인 어려움을 겪는 상태를 지칭한다. 소프트 패치는 원래 골프장 잔디 상태를 일컫는 '라지 패치(병이나 해충 등의 이유로 골프장 페어웨이 가운데 잔디가 잘 자리지 못한 부분)'라는 말에서 유래한 것으로, 그린스펀은 이 용어를 소프트 패치로 변형하여 다소 불안하고 취약하지만 곧 회복세를 보일 것이라는 점을 강조하였다.

〉〉 아베노믹스(Abenomics)

일본 아베 정권의 경제정책으로 20년 가까이 이어져 온 디플레이션과 엔고(円高) 현상을 극복하기 위해 모든 수단을 동원하겠다는 의지의 표명이다. 아베노믹스는 1단계 통화 완화, 2단계 확장적 재정정책, 3단계 구조개혁 및 산업경쟁력 제고 등을 통한 경제성장의 정책 패키지로 구성되었다. 구체적으로는 2~3%의 인플레이션 목표, 무제한 금융완화, 마이너스 금리 정책 등이 주 내용이다.

〉〉 기대인플레이션

물가가 상승하는 인플레이션이 장기간 지속될 경우 앞으로도 물가가 계속 상승할 것이라는 예상을 하게 된다. 이처럼 경제주체들이 예상하는 미래의 인플레이션을 기대인플레이션이라고 한다. 기대인플레이션은 경제주체들의 의사결정에 영향을 미친다.

〉〉 재정위험국가

정부의 경제적 부채비율이 높고 은행의 대차대조표가 취약한 국가를 말한다. 재정위험국가의 경우 신용위축이나 자금 조달시장의 혼란 등의 우려가 있는 상황이지만, 부채의 상환보다는 유동성 문제의 해결에 집중하고 있는 실태로 이에 따른 국가위험이 증가하고 투자자의 신뢰가 저하되며, 은행 및 국채의 조달 비용 상승 등의 악영향이 발생한다.

〉〉 국가위험(country risk)

투자 대상국에 예상치 못한 상황이 발생하여 나타나는 제공한 투자 및 차관 등에 대한 채권 회수상의 위험 가능성을 말한다. 다시 말해, 채무불이행에 노출되는 위험 정도라고 할 수 있다.

>> 기준금리

한 나라의 금리체계의 기준이 되는 중심금리를 말한다. 중앙은행인 한국은행 안에 설치된 금융통화위원회에서 매월 둘째 주 목요일에 회의를 통해 결정하게 된다. 2008년 3월부터 콜금리 운용목표치(정책금리)를 기준금리로 바꾸었다. 기준금리에 따라 한국은행이 지급준비율이나 재할인율을 조정함으로써 통화량, 물가, 금리에 영향을 준다.

>> 사회간접자본(SOC ; Social Overhead Capital)

SOC란 도로, 항만 등 생산 활동에 직접적으로 영향을 미치지는 않지만 원활한 경제활동을 유지하기 위해 반드시 필요한 사회기반시설을 말한다. SOC에 대한 투자는 사회 전반에 영향을 미치는 수준으로 규모가 매우 크기 때문에 일반적으로 정부나 공공기관이 주관한다. 그러나 사회간접자본 시설 확충에 있어서 부족한 재원을 보충하고 효율성을 제고하기 위하여 민간기업의 자본을 유치하여 운영하기도 한다.

>> 자본주의 4.0

2007~2009년의 글로벌 금융위기 이후 새로운 자본주의에 대한 모색으로 대두된 새로운 패러다임의 자본주의이다. 각국 정부는 글로벌 금융위기가 발생하자 적극적으로 금융시장에 개입하여 규제를 강화하는 방안을 논의하였다. 칼레츠키는 그의 저서 「자본주의 4.0」에서 시장과 정부는 모두 불완전하며 오류를 저지르기 쉬움을 인정하고 정부통제와 시장주도를 적절히 활용하여 문제 상황을 빠르게 시정할 수 있을 것이라고 전망하였다.

>> PIIGS

포르투갈, 이탈리아, 아일랜드, 그리스, 스페인의 이니셜 첫 글자를 딴 것이다. 미국, 프랑스, 독일 등 선진국들의 정부부채 규모가 더 큰데도 불구하고 포르투갈, 이탈리아, 그리스, 스페인 등 일부 유럽 국가의 재정부실이 국가채무불이행으로 이어지면서 세계 경제의 문제가 됨에 따라 심각한 재정적자를 겪고 있는 이 나라들을 PIGS로 지칭했다. 추후에 금융위기로 재정이 악화된 아일랜드가 추가되면서 PIIGS로 바뀌었다.

>> 바젤 III

2004년에 발표된 '바젤 II'에 이어 6년 만에 개편된 새로운 은행 건전성 기준이다. 은행의 무분별한 고위험 투자가 국제 금융시장의 불안 요인이라고 보고 자본 및 유동성 규제를 대폭 강화한 내용을 담고 있다. 바젤 III는 기존의 국제결제은행(BIS)의 기준 자본 규제를 세분화하고 항목별 기준치를 상향 조정한 것과 완충자본과 차입 투자(leverage) 규제를 신설한 것이 핵심이다. 하지만 우리나라 은행의 경우 바젤 III가 도입한 각종 기준치를 가장 엄격하게 적용하더라도 이미 그 수준을 웃돌고 있기 때문에 직접적으로 미치는 영향은 미미할 것이라는 분석도 있다.

>> 완충자본

은행이 미래의 발생 가능한 위기에 대비하여 국제결제은행(BIS) 기준 자본과 별도로 보통주 자본을 2.5% 추가로 쌓도록 한 것이다. 완충자본은 2016년부터 매년 0.625%씩 쌓아 2019년에는 2.5%를 맞춰야한다.

>> 모럴해저드(도덕적 해이)

원래는 미국에서 보험가입자들이 보험약관을 악용하거나 사고방지에 태만하는 등 비도덕적 행위를 일컫는 용이로 사용되있으며, 이후 권한의 위임을 받은 대리인이 정보의 우위를 이용하여 개인적인 이익을 취하고 결과적으로 위임을 맡긴 상대에게 재산상의 손실을 입히는 행태를 지칭하는 용어로 의미가 확대되었다.

>> 외환보유액(reserve assets)

국가가 보유하고 있는 외환채권의 총액으로, IMF의 기준에 따르면 통화당국이 언제든지 사용 가능한 대외자산을 포괄한다. 주로 국제수지 불균형의 직접적인 보전 및 환율 변화에 따른 외환시장의 안정을 목적으로 정부 및 중앙은행에 의해 통제된다. 외환보유액이 너무 많을 경우 환율 하락, 통화안정증권 이자의 부담 등이 발생할 수 있으며 환율조작국으로 의심받을 수 있다. 반면에 너무 적을 경우 가용외환보유고가 부족해 대외채무를 갚지 못하는 모라토리움(moratorium) 상태에 빠질 수 있다.

〉〉 서브프라임 모기지

미국에서 신용등급이 낮은 저소득층을 대상으로 높은 금리에 주택 마련 자금을 빌려 주는 비우량 주택담보대출을 뜻한다. 미국의 주택담보대출은 신용도가 높은 개인을 대상으로 하는 프라임 (prime), 중간 정도의 신용을 가진 개인을 대상으로 하는 알트 A(Alternative A), 신용도가 일정 기준 이하인 저소득층을 상대로 하는 서브프라임의 3등급으로 구분된다. 2007년 서브프라임 모기지로 대출을 받은 서민들이 대출금을 갚지 못해 집을 내놓았고 집값이 폭락하며 금융기관의 파산 및 글로벌 금융위기를 야기한 바 있다. 시사주간지 타임에서는 서브프라임 모기지를 '2010년 세계 50대 최악의 발명품'으로 선정하였다.

〉〉 모라토리움(moratorium)

한마디로 지불유예를 말한다. 경제 환경이 극도로 불리해 대외채무의 정상적인 이행이 불가능할 때 파산 또는 신용의 파탄을 방지하기 위해 취해지는 긴급적인 조치로 일정기간동안 채무의 상환을 연기 시키는 조치를 말한다. 이와 비슷한 용어로는 디폴트가 있으나 상환할 의사의 유무에 따라 구분된다.

> **Plus 팁** 모라토리엄증후군(moratorium syndrome)
>
> 지적·육체적 능력이 충분히 갖추어져 있음에도 불구하고 사회로 진출하는 것을 꺼리는 증세로 대개 20대 후반에서 30대 초반 사이의 고학력 청년들에게 나타난다.
> 수년씩 대학을 다니며 졸업을 유예하거나 대학 졸업 후 취직하지 않은 채 빈둥거리는 것도 모라토리엄증후군에 포함된다.
> 경제 침체와 고용 불안, 미래에 대한 불안 등이 발생의 주원인이지만 경제 활동보다는 다른 곳에서 자신의 삶의 가치를 찾으려는 경향도 그 원인으로 주목받고 있다.

〉〉 고용탄성치

특정 산업의 경제성장에 따른 고용흡수 능력의 크기로, 한 산업이 1% 성장했을 때 얼마만큼의 고용이 창출되었는가를 나타낸 지표이다. '취업자 증가율/국내총생산'으로 산출하며, 고용탄성치가 높을수록 경제성장에 대해 취업자 수가 많이 늘어난 것을 의미한다.

〉〉 기업경기실사지수(BSI ; Business Survey Index)

기업의 체감경기를 지수화한 지표로, 경기에 대한 기업가들의 예측 및 판단, 이를 기반으로 한 계획의 변화 등을 관찰하여 지수화한 것이다. 기업의 경영계획 및 위기에 대한 대응책 수립에 활용할 수 있는 기초자료로 쓰이며, 주요 업종의 경기 동향 및 전망 등을 알 수 있다. 기업경기실사지수는 기업가의 심리적인 요소 등과 같은 주관적인 요소까지 조사가 가능하다.

〉〉 경기동향지수

경기확산지수. 경기변동요인이 경제의 특정부문에서 나타나 점차 경제 전반에 확산·파급되어 가는 과정을 파악하기 위해 경기변동과 밀접한 관계가 있는 주요 지표의 움직임을 종합하여 경기를 측정·예측하는 수단이다. 현재 미국·일본·캐나다·오스트레일리아 등 주요 선진국에서 작성하고 있으며, 우리나라에서는 1972년부터 한국은행이 매월 작성하고 있다.

> **Plus 팁** 경기변동국면
>
> - 불황기(slump) : 투자 및 생산활동의 침체, 실업증가, 물가하락, 금리하락, 주가폭락상태
> - 회복기(recovery) : 생산활동 증가, 실업감소, 거래회복
> - 호황기(boom) : 투자 활발로 생산증가, 금리상승, 물가상승, 고용 및 임금상승, 증시활황
> - 후퇴기(recession) : 재고 증가로 투자감소, 신용붕괴, 전반적인 경기하락 기조

2 해외경제

〉〉 베일인(bail-in)

채무를 상환할 능력이 부족한 채무자를 돕기 위한 방법의 하나로 채권자가 자발적으로 채무자의 손실을 분담하거나 직접 자본참여자가 되는 채무구제방식이다. 채무자의 부담을 줄여주는 방식이라는 점에서 구제금융인 bail-out과 동일하지만, 베일인은 추가자금 지원이 없다는 특징이 있다. 베일인은 보통 상환기간 연장 및 이자율 조정, 액면금액 감액 등의 방식으로 이뤄진다.

〉〉 손주(孫) 비즈니스

자신을 위해서는 지출하는 것을 망설이지만 손자나 손녀를 위해서라면 기꺼이 지갑을 여는 시니어 세대를 타깃으로 하는 사업을 말한다. 손주 비즈니스 시장은 저출산과 고령화 사회로 접어들면서 자녀는 줄어드는 반면 조부모는 늘어나면서 급성장하고 있다.

> **Plus 팁** 식스 포켓(six pocket)
>
> 아이 한 명에 부모, 친조부모, 외조부모 등 6명의 어른들이 지갑을 연다는 의미이다.

〉〉 세계경제포럼(WEF ; World Economic Forum)

매년 초 스위스 다보스(davos)에서 열리는 경제포럼으로 각국의 정·재계의 인사들이 모여 세계 경제 발전에 대해 논의하고, 글로벌 의제를 선정한다. WEF는 '세계경제의 핵심의제', '국가경쟁력 지수' 등 세계경제의 주요 현안 및 전망을 포괄적으로 다루고 있다는 점에서 주목할 만하다. 2012 년 WEF의 주제는 '대전환 : 신모델 형성'으로 성장과 고용, 리더십과 혁신, 지속가능성과 자원, 사회·기술 등에 대해 논의하였다.

〉〉 국가경쟁력지수(GCI ; Global Competitiveness Index)

한 국가의 GDP 성장이 지속적으로 유지될 수 있는 능력을 측정하는 지표로, 세계경제포럼(WEF) 에서 매년 인프라, 거시경제, 교육, 노사관계 협력 등 110여 개의 항목을 평가하여 발표한다. 2016년 우리나라는 3년 연속 26위를 기록하였다.

〉〉 글로벌 리스크(global risk)

세계경제포럼(WEF)에서 매년 경제·환경·지정학·사회·기술의 5개 분야에서 위험요인 50개를 선정하여 발표하는 것으로, 2016년 발생 가능성 기준시 5대 리스크는 대규모 비자발적 인구이동, 극단적 기상이변, 기후변화 적응 실패, 역내 국가간 분쟁, 대규모 자연재해 등이며, 파급력 기준 시 5대 리스크는 기후변화 적응 실패, 대규모 살상무기, 수자원 위기, 대규모 비자발적 인구 이 동, 심각한 에너지가격 쇼크 등이다.

〉〉 FDI(Foreign Direct Investment, 외국인직접투자)

기업이 단독 또는 합작으로 현지에 법인을 설립하거나 현지의 기존 기업을 인수하는 등의 형태로 하는 투자로, 외국인이 국내에서 자산을 운용하는 단순한 수준이 아닌 기술 협력 및 경영 참여 등 적극적인 방법으로 이루어지며 국내 기업과 지속적인 경제활동을 유지하려는 목적을 가진다.

〉〉 주택공적금 제도

중국의 부동산 금융 제도의 하나로 싱가포르의 모델을 모방하여 국가－기업－개인의 3자가 공동 으로 개인의 주택 구매 능력을 향상시키는 것을 목적으로 한다. 모든 근로자가 임금의 5~9%를 주택구입용 자금으로 적립하며, 근로자가 부담하는 액수와 같은 액수를 기업과 국가에서 공동으 로 부담하는 것을 골자로 한다. 1991년에 도입된 이후 1998년을 기점으로 주택공적금 위주에서 상업은행 주택대출 위주로 정책이 전환되었다.

>> G-SIBs(Global-Systemically Important Banks, 글로벌 시스템적 중요 은행)

금융권 전체에 위험을 안겨줄 수 있는 가능성이 있는 대형 금융기관들을 지정한 것으로, 자산 규모, 업무의 복잡성, 시스템적 상호연결 등을 판단 조건으로 한다. 아시아 금융위기 이후 구축이 논의된 다자간 금융 안전망 및 바젤 Ⅲ와 같은 맥락에서 이해할 수 있다. 2011년 말 기준 미국 8개, 유럽 17개, 아시아 4개 등 총 29개의 은행이 G-SIBs로 선정되었다.

>> 양적완화(量的緩和)

신용경색 해소 및 경기 부양을 목적으로 중앙은행이 직접 시중에 통화를 공급하는 정책을 말한다. 금리인하를 통한 경기 부양이 한계에 이르렀다고 판단될 때 이루어지는 적극적인 방법으로 국채 매입, 회수된 자금의 재투자 등으로 시장에 유동성을 공급하는 것이다. 양적완화정책으로 금융시장의 신용경색 완화 및 유동성이 확대되면 시장지표가 개선되고 이는 시장 참가자의 위험선호 회복에 크게 기여할 수 있다. 미국 Fed의 QE, 유럽중앙은행(ECB)의 장기대출프로그램(LTRO)이 대표적이다.

>> 일본화(Japanification) 현상

선진국의 경제 상황이 일본의 1990년대 자산 버블 붕괴 이후의 모습과 유사해 지는 현상으로, 장기적인 저성장과 디플레이션, 재정적자 심화 등의 형태가 나타난다. 일본화는 원래 다른 국가의 젊은 층에서 일본 문화에 동화되는 현상을 나타내는 용어로 사용되었으나, 2011년 하반기 이후 글로벌 미디어들에서 일본화를 '일본식 장기불황'을 의미하는 용어로 사용하면서부터 의미가 이동되었다.

〉〉 채권 수익률 곡선(Yield Curve)

금융자산 중 채권의 만기 수익률과 만기와의 관계를 나타내는 것으로 반기별 채권 금리들의 관계를 나타낸다는 점에서 기간 구조라고도 부른다. 채권 수익률 곡선은 일반적으로 우상향하는 모습을 보이지만, 우하향 또는 수평(flat)의 형태를 나타내기도 한다. 채권 수익률 곡선은 채권 시장을 종합적으로 파악하는 데 용이하며 미래 금리 및 경기 예측, 개별 채권 가격 평가와 투자 전략 수립에도 활용 가능하다.

〉〉 장수채권(longevity bonds)

장수리스크(기대수명이 예상보다 증가함에 따라 발생하는 불확실성) 관리대상의 생존율과 연계되어 원리금을 지급하는 채권이다. 연금가입자가 기대수명 이상으로 생존함에 따라 증가하는 연금지급자의 장수리스크를 자본시장으로 이전한 것으로, 정부 또는 금융회사에서 발행한 장수채권에 연금지급자가 투자하고 정부나 금융회사가 이에 대한 이자를 지급하는 구조로 이루어진다.

〉〉 대차거래(貸借去來)

대여자가 차입자에게 신용거래에 필요로 하는 돈이나 주식을 일정한 수수료를 받고 빌려주는 거래로, 주식을 매수할 때에는 매수한 주식을 담보로 돈을 차입하고, 매도할 때에는 그 대금을 담보로 주식을 빌리는 형태이다. 증권사, 예탁결제원 등이 취급하며 신용거래에 따른 결제 이외의 목적으로는 행할 수 없다.

〉〉 공매도(空賣渡)

가지고 있지 않은 주식이나 채권을 바탕으로 하는 매도주문으로, 결제일 안에 주식이나 채권을 매수해 매입자에게 상환하는 방식이다. 유가증권 가격의 하락이 예상될 경우에 주로 사용되는 방법으로 해당 하락이 예상되는 증권을 차입하여 매도한 다음 저렴한 가격으로 재매수하여 상환하여 시세차익을 노리는 것이다. 주로 헤지펀드의 운용전략을 수행하기 위한 목적으로 외국인투자자들이 활용히는 방법으로, 우리나라의 경우 '무차입공매도'가 금지되어 있다.

〉〉 메자닌금융(Mezzanine finance, 성과공유형대출)

주식을 담보로 한 자금조달이나 대출이 어려울 때 은행 및 대출기관에서 일정 금리 외에 신주인수권, 주식전환권 등과 같은 주식 관련 권리를 받고 무담보로 자금을 제공하는 금융기법이다. 'Mezzanine'은 건물의 1층과 2층 사이에 있는 로비 등의 공간을 의미하는 이탈리아어로, 이렇게 제공받은 자금이 부채와 자본의 중간적 성격을 띤다는 점에서 유래되었다. 초기성장단계에 있는 벤처기업 등이 은행 및 대기업 등의 자본참여에 따른 소유권 상실의 우려를 덜고 양질의 자금을 조달할 수 있도록 하기 위해 도입되었다.

〉〉 농산물 ETF

ETF는 Exchange Traded Fund의 약자로, 주가지수의 등락률과 같거나 비슷하게 수익률이 결정되어 상장지수펀드라고 한다. 농산물의 경우 과거에는 거래·보관 등의 어려움으로 인해 개인의 투자가 제한적이었으나 농산물 ETF의 등장으로 주식처럼 투자할 수 있게 되었다. 농산물은 수급이 비탄력적이고 기후 및 유가 등 다양한 요인에 의해 영향을 받아 가격의 변동성이 큰 편이라 ETF를 통한 분산투자가 요구된다. 주요 농산물 ETF로는 여러 농산물에 투자하는 ETF, 개별 농산물에 투자하는 ETF, 농산물 관련 기업에 투자하는 ETF로 구분된다.

〉〉 물가연동채권(TIPS ; Treasury Inflation-Protected Securities)

본래의 투자 원금에 물가의 변동분을 반영한 뒤 재계산하여 그에 대한 이자를 지급하는 채권이다. 만기 시 물가변동에 따라 조정된 원금을 지급하므로 인플레이션이 일어나더라도 투자금의 실질가치를 보장한다. 정부보증채권으로 원리금지급이 보장되어 위험이 0에 가까우며 국채처럼 입찰을 통해 발행수익률이 정해지고 만기까지 불변한다.

〉〉 CMI · CMIM

① CMI(Chinag Mai Initiative, 치앙마이 이니셔티브)는 회원국 양자간 통화스왑협정으로, 일정 금액을 약정하였다가 위기가 발생했을 때 자국의 화폐를 맡기고 상대국 화폐 또는 달러를 차입할 수 있도록 한 협정이다.
② CMIM(Chinag Mai Initiative Multilateral, 치앙마이 이니셔티브 다자화)는 CMI에서 발전된 개념으로 회원국 다자간 통화협정이다. 각국이 일정 비율로 분담금 지원을 약속하고 위기가 발생하면 그에 따라 지원한다.

〉〉 국부펀드(SWF ; Sovereign Wealth Fund)

국가가 자산을 운용하기 위해 특별히 설립한 투자펀드로, 적정 수준 이상의 보유 외환을 투자용으로 분리해 놓은 자금이다. 무역수지 흑자를 재원으로 하는 '상품펀드'와 석유 및 자원 등 상품 수출을 통해 벌어들인 잉여 자금을 재원으로 하는 '비상품펀드'로 구분할 수 있다. 국부펀드는 원유 수출을 주로 하는 중동지역에서 발전한 것으로 투자규모도 크지 않고 투자 대상도 제한적이어서 국제 금융시장의 큰 주목을 받지 못했지만, 최근 국제금융시장에서 국부펀드의 자금공급원 역할이 확대됨에 따라 국부펀드에 대한 논의가 확대되는 추세이다.

4 자산관리

〉〉 재형펀드

서민 및 중산층의 재산형성에 기여하고자 부활한 재형저축으로 기존의 펀드 상품과 비교해 비과세혜택을 받을 수 있으며, 판매 운용보수를 30% 이상 인하하여 장기투자자에게 비용절감 효과를 제공한다. 총 급여 5천 만 원 이하인 근로자 또는 종합소득금액 3,500만 원 이하의 사업자를 가입대상으로 한다.

〉〉 한-일 주식 교차거래

2012년 11월부터 한국거래소와 동경증권거래소 간 주식의 교차거래가 가능하게 되는 것으로, 주식시장 간 연계와 함께 ETF 교차 상장, 거래소 간 시장정보 공표, 파생상품 시장 간 연계, IT개발 공동연구 등을 골자로 한다. 한-일 주식 교차거래는 한일 간 시장참가자의 시장에 대한 접근성을 향상시키고 양국의 자본교류를 활성화시켜 양국의 자본시장 발전에 기여할 전망이다.

〉〉 가문자산관리(family office)

유럽에서 출발하여 20세기 초 미국에서 발달한 것으로 재계의 거물을 중심으로 한 부유층이 가문의 자산을 관리하기 위해 자산관리 매니저 및 변호사, 회계사 등을 고용하여 전문적으로 자산을 관리하는 것을 말한다. 'family office'란 6세기 로열패밀리의 자산 및 집안을 총괄하는 집사 사무실이라는 개념에서 출발했다. 우리나라의 경우 2011년 삼성생명의 '삼성패밀리오피스'를 필두로 미래에셋증권, 신영증권 등에서 가문자산관리 서비스를 제공하고 있다.

>> 금융소득 종합과세 제도

이자 및 배당 소득과 같은 개인별 연간 금융소득이 4천 만 원을 초과하는 경우 다른 종합소득과
합산하여 누진세율을 적용하여 과세하는 제도이다. 1996년부터 공평한 세금부담을 목적으로 적용
하였으나, 외환위기 발생과 함께 유보되었다가 2001년에 다시 부활하였다. 2001년에는 부부합산
금융소득이 4천 만 원을 넘는 경우 초과분을 합산하여 누진세율을 적용하였지만, 부부합산 과세
가 위헌판결이 남에 따라 2003년부터 부부가 아닌 개인별 금융소득을 기준으로 종합과세를 적용
하였다.

>> 변액보험(variable insurance)

보험계약자가 납입한 보험료 중 일부를 주식이나 채권과 같은 유가증권에 투자해 그 운용 결과에
따라 계약자에게 투자 성과를 배당해주는 실적배당형 보험 상품이다. 1952년 미국에서 최초 등장
하였으나 상품화한 것은 네덜란드가 최초이다. 장기간의 안정성을 추구하기 보다는 수익성에 비
중을 두고 있으며 보험에 투자와 저축의 개념을 통합하였다고 볼 수 있다. 우리나라의 경우 2001
년부터 판매를 시작하였다.

>> 개인형퇴직연금(IRP ; Individual Retirement Pension)

이직이나 은퇴로 받을 퇴직금을 자신 명의의 퇴직계좌에 적립하여 연금 등 노후자금으로 활용할
수 있게 하는 제도이다. 현행 퇴직급여제도의 하나인 개인퇴직계좌(IRA)를 확대·개편한 것으로
근로자가 조기 퇴직하거나 이직을 하더라도 퇴직금을 생활자금으로 소진하는 것을 방지하고 지속
적으로 적립·운용하여 향후 은퇴자금으로 활용할 수 있도록 하는 것이다. 기존의 IRA가 퇴직한
근로자만이 선택적으로 가입할 수 있는 반면, IRP의 경우 재직여부에 상관없이 가입이 가능하다.

>> 리세스 오블리주(richesse oblige)

UK의 유대교 최고지도자인 조너선 삭스가 그의 저서 「차이의 존중 」에서 언급한 개념이다. 노블레스 오블리주(noblesse oblige)가 지도층의 의무를 강조했다면, 리세스 오블리주는 부(富)의 도덕적 의무와 사회적 책임을 강조한다.

>> 금융소외(financial exclusion)

정상적인 제도권 금융기관의 금융서비스 및 금융상품에 접근할 수 없거나 이용할 수 없는 것을 말한다. 1980년 이후 금융기관의 수익성이 강화되면서 수익이 발생할 것으로 기대되지 않는 계층에 대한 금융소외 문제가 대두되었다. 넓은 의미의 금융소외는 지리적, 신체적, 비용적 배제를 의미하며 좁은 의미의 금융소외는 저신용 및 저소득층의 금융서비스 제한을 말한다.

>> 소셜 큐레이션(social curation)

큐레이션은 미술관 등에서 작품 관리 및 전시, 해석 및 전파 활동을 통칭하는 의미로, 소셜 큐레이션은 소셜미디어를 활용하여 큐레이션 서비스를 제공하는 것을 말한다. 소셜네트워크서비스와 유사하지만 전문가 등에 의해 걸러지고 체계화 된 정보를 제공한다는 점에서 그 신뢰성 및 편의성이 보다 확보된다.

>> 하드 럭셔리(Hard Luxury)

명품 중 가죽 및 의류 등을 의미하는 '소프트 럭셔리'에 대해 시계 및 보석을 의미하는 용어이다. 2008년 서브 프라임 사태 및 금융위기로 명품 시장의 규모가 감소하였으나 2010~2011년 점차 증가하며 회복세를 보이고 있다. 명품시장에서 하드 럭셔리 시장이 차지하는 비중은 약 22%로 명품 소비 패턴은 부유층, 고액순자산가일수록 시계·보석의 비중이 높다.

〉〉 소셜커머스(social commerce)

소셜 네트워크 서비스(SNS)를 이용한 전자상거래로, 일정 수 이상의 상품 구매자가 모이면 정해
진 할인가로 상품을 제공·판매하는 방식이다. 2005년 야후의 장바구니 공유서비스인 쇼퍼스피어
사이트를 통해 소개되어, 2008년 미국 시카고에서 설립된 온라인 할인쿠폰 업체인 그루폰
(Groupon)이 소셜 커머스의 비즈니스 모델을 처음 만들어 성공을 거둔 바 있다. 일반적인 상품
판매는 광고의 의존도가 높지만 소셜 커머스의 경우 소비자들의 자발적인 참여로 홍보와 동시에
구매자를 모아 마케팅에 들어가는 비용이 최소화되므로, 판매자는 소셜 커머스 자체를 마케팅의
수단으로 보고 있다. 국내에 티켓 몬스터, 쿠팡 등의 업체가 있으며 최근 스마트폰 이용과 소셜
네트워크 서비스 이용이 대중화되면서 새로운 소비 형태로 주목받고 있다.

> **Plus 팁** 소셜 네트워크 서비스(SNS : social network service)
> 웹에서 이용자들이 개인의 정보공유나 의사소통의 장을 만들어 폭넓은 인간관계를 형성할 수 있게 해주는 서
> 비스로 트위터, 페이스북 등이 있다.

〉〉 브랜드 커뮤니케이션

기업이 제공하는 광고 외에 SNS, 블로그, 행사, 사회공헌 등 고객과 '브랜드'가 만나는 모든 상황
에서 고객과의 적극적인 상호작용을 통해 브랜드를 알리는 활동을 말한다. 마케팅 전략이 기업의
관점인 4P(제품, 가격, 유통 촉진)에서 고객 관점인 4C(고객혜택, 기회비용, 편의성, 커뮤니케이
션)로 전환되어야 한다는 견해가 등장하면서 브랜드에 있어서도 고객과의 쌍방 소통을 중시하는
커뮤니케이션이 강조되었다.

〉〉 스마트 금융

고객이 금융 채널을 자신이 원하는 다양한 방식으로 활용할 수 있도록 지원하는 스마트한 금융 서비
스를 말한다. 스마트 금융의 핵심은 다양한 채널에서 사용자를 만족시킴과 동시에 채널 간에 끊김
없는 연결을 구현하는 것이다. 생활에서 인터넷, 모바일 등의 비대면 채널이 차지하는 비중이 높아
지면서 스마트 금융은 전 세계적으로 나타나는 현상으로 우리나라의 경우 그 속도가 빠른 편이다.

〉〉 오픈뱅킹

MS사의 Windows Internet Explorer 환경에서만 가능하던 인터넷 뱅킹을 Mozilla사의 Firefox, Google의 Chrome 등의 웹브라우저와 Google의 Android, Apple사의 iOS 등의 모바일 OS에서도 동일하게 이용 가능하도록 구축한 멀티 플랫폼 뱅킹 시스템을 말한다.

〉〉 가업승계(家業承繼)

기업이 기업 자체의 동일성을 유지하면서 기업주가 후계자에게 해당 기업의 주식이나 사업용 재산을 상속·증여하여 기업의 소유권 또는 경영권을 무상으로 다음 세대에게 이전하는 것을 말한다. 가업승계의 과정은 경영실무 전반을 물려주는 '경영자 승계'와 후계자가 법적으로도 기업 내에서 실권을 행사할 수 있도록 회사 지분의 일정비율 이상을 물려주는 '지분 승계'로 구분된다. 우리나라에서는 가업상속, 사업계승, 사업승계, 경영승계 등의 용어가 가업승계와 동일한 의미로 혼용된다.

〉〉 선택설계

인간은 제한된 합리성을 가진 존재로 이러한 사람들이 올바른 선택을 할 수 있도록 선택에 영향을 미치는 요소들을 디자인하는 것을 의미한다. 기존 경제학에서 전제하고 있는 완벽한 합리성에 대한 비판에서 기반하며, 고객의 심리를 활용해 선택의 자유를 존중하면서도 현명한 선택을 할 수 있도록 상황을 설계하는 것이다. '자유적 개입주의', '넛지(nudge)'라고도 불린다.

>> 농지연금

만 65세 이상 고령농업인이 소유한 농지를 담보로 노후생활 안정자금을 매월 연금형식으로 지급 받는 제도이다. 농지자산을 유동화하여 노후생활자금이 부족한 고령농업인의 노후 생활안정 지원 으로 농촌사회의 사회 안정망 확충 및 유지를 목적으로 한다.

>> 주택분양보증

주택을 건설하던 회사가 도산 등의 사유로 분양계약을 이행할 수 없게 되는 경우 피해를 입을 수 있는 분양자를 보호하기 위한 제도로, 당해 건축물 분양의 이행 또는 납부한 분양대금의 환급을 책임지는 보증이다. 주택법 제76조에 의거 공동주택을 선분양 하는 경우 대한주택보증의 주택분 양에 반드시 가입해야 한다.

>> 상가건물임대차보호법

상가건물 임대차에 관하여 민법에 대한 특례를 규정하여 국민 경제생활의 안정을 보장함을 목적 으로 하는 법이다. 주택임대차보호법, 대부업법 등과 함께 민생 3법으로 사회적 약자인 상가건물 임차인의 권리를 보호하고, 과도한 임대료 인상을 법적으로 억제하는 역할을 한다.

>> 도시형 생활주택

「국토의 계획 및 이용에 관한 법률」에 따라 난개발이 우려되는 비도시지역을 제외한 도시지역에 건설하는 300세대 미만의 국민주택 규모의 공동주택을 말한다. 세대당 주거전용면적 85m^2 이하의 연립주택인 단지형 연립과 세대당 주거전용면적 85m^2 이하의 다세대 주택인 단지형 다세대, 세대 당 주거전용면적 12m^2 이상 50m^2 이하의 원룸형의 세 가지로 구분된다.

〉〉 부동산 경매제도

부동산담보물권에 부여되는 환가권에 바탕하여 실행되는 임의경매와 채무자에 대한 채권에 바탕
하여 청구권실현을 위해 실행되는 강제경매로 나뉜다. 2002년 「민사집행법」의 제정으로 경매절차
에서 악의적인 채무자에 의한 경매진행의 어려움을 해소하고 신속한 경매진행제도 등을 도입하여
점차 일반인들의 경매 참가가 확대되었다. 경매는 일반적으로 목적물을 압류하여 현금화 한 후
채권자의 채권을 변제하는 단계로 행해진다.

〉〉 공모형 PF사업

공공부문이 보유하고 있는 부지에 민간과 공동으로 출자하여 개발하는 민관합동방식의 개발사업
을 말한다. 공모형 PF사업은 민간사업자를 공모하여 우선협상대상자를 선정하고 사업협약을 체결
한 뒤 공동으로 출자하여 프로젝트 회사인 SPC를 설립, 자금을 조달하여 개발사업에 착수한다.
대형 복합시설의 적기 공급 및 도시개발의 효율성을 도모하기 위해 도입되었다.

〉〉 주택저당증권(MBS ; Mortgage-Backed Securities)

금융기관이 주택을 담보로 하여 만기 20~30년의 장기대출을 해준 주택저당채권을 대상자산으로
하여 발행한 증권을 말한다. 자산담보부증권(ABS)의 일종으로 '주택저당채권 담보부증권'이라고도
한다.

〉〉 지식산업센터

'아파트형 공장'이라고도 하며 동일 건축물에 제조업, 지식산업 및 정보통신업을 영위하는 자와 이
를 지원하는 시설이 복합적으로 입주해 있는 다층형 집합건축물을 말한다. 공장 및 산업시설, 근
린생활시설 등이 하나의 공간에 모여 있는 것으로, 공개분양을 통해 입주자를 모집하고 소규모
제조공장이나 IT기업 등이 매입, 임대 등을 통해 입점한다.

〉〉 마을기업

마을 주민들이 주도적으로 지역의 각종자원을 활용한 수익사업을 추진하여 지역 공동체를 활성화하고, 지역 주민에게 소득과 일자리를 제공하는 마을단위 기업이다. 여기서 마을 주민 주도적이란 마을 주민 출자가 총 사업비의 10% 이상을 차지할 경우를 말하며, 출자한 주민이 참여하여 의사를 결정하는 구조여야 한다.

〉〉 셰일오일(shale oil)

석유가 생성되는 퇴적암에서 추출하는 전통적 의미의 원유와 달리 원유가 생성되는 셰일(점토)층에서 뽑아내는 원유를 말한다. 셰일오일 생산이 장기적으로 지속될 경우 세계 원유 공급 확대 요인으로 작용하여 국제유가 하락 압력으로 작용할 전망이다. 현제 셰일오일의 생산은 미국이 주도적으로 담당하고 있으며, 이는 곧 국제 원유 시장에서 중동 석유수출국의 영향력 감소 및 미국의 영향력 확대를 가져올 것으로 보인다.

〉〉 세계식량가격지수(FFPI ; FAO Food Price Index)

국제연합식량농업기구(FAO)가 국제시장에서 거래되는 식량가격의 변화를 측정하기 위해 고안한 지수로, 곡물, 육류, 낙농품, 유지류 등 주요 55개 농산물의 국제가격 동향을 기록하여 발표한다.

〉〉 프랜차이즈(franchise)

상품의 유통·서비스 등 경영 노하우를 가지고 있는 가맹본부(franchisor)가 자신들의 체인에 참여하는 가맹점(franchisee)을 조직하여 형성되는 소매 형태의 연쇄기업을 말한다. 가맹본부는 브랜드 사용 및 영업 권리를 부여하는 등 일정한 노하우를 제공하고, 가맹점으로부터 로열티 및 원·부자재 매입 등의 대가를 받는 관계이다. 가맹점의 투자는 대부분 가맹점주가 부담하기 때문에 가맹본부는 적은 자기자본의 투자로 가맹점을 늘려 시장점유율을 확대할 수 있으며, 가맹점주는 개인이 접근하기 힘든 수준의 홍보 및 영업 노하우 등을 제공받을 수 있다.

>> CIB(Commercial Investment Bank)

상업은행과 투자은행을 결합한 용어로 금융지주회사 형태의 통합금융회사를 의미한다. 1933년 상업은행과 투자은행의 업무를 엄격하게 분리한 글라스-스티걸법의 제정으로 은행부분과 증권부분이 분리됐으나 최근 금융위기로 골드만삭스, JP모건 등 투자은행들이 은행지주회사 구조로 전환하면서 CIB가 그 대안으로 부상하고 있다.

>> 금융발전지수(Financial Development Index)

세계경제포럼에서 발표한 지수로 금융발전을 가능하게 하는 정량적, 정성적 요인들에 대한 점수를 산출하여 금융시스템의 경쟁력 순위를 평가한 것이다. 효과적인 금융 중개와 금융시장의 기반이 되는 제도적, 정책적 요인 및 자본, 금융서비스에 대한 접근성 등을 바탕으로 측정한다.

>> 글로벌 3대 신용평가사

신용평가사란 유가증권 및 발행기관의 신용도를 평가·등급화하는 기관으로, 투자자들의 의사결정에 영향을 미치며 그에 따른 발행기관의 조달비용에도 영향을 미친다. S&P, 무디스(moodys), 피치(fitch)는 글로벌 3대 신용평가사로 세계시장의 약 95%를 점유하고 있으며 미국, 중국, G7, Fed보다 큰 영향력을 발휘한다.

>> DBS(Development Bank of Singapore)

1968년 싱가포르 개발은행으로 설립되어 아시아에서 특화된 은행이다. 싱가포르에서 DBS와 POSB 두 개의 브랜드로 영업하며, 세전 이익의 95%가 아시아에서 발생하는 특징이 있다. 아시아 15개국에 약 200개의 지점, 4만 8천 여 명의 직원을 보유하고 있으며 소매·도매 금융, 자산관리, IB업무 등 금융 전반에 걸친 서비스를 제공한다.

>> 유니버설 디자인(universal design)

성별, 연령, 국적, 장애, 문화 등의 유무에도 상관없이 모든 사람들이 손쉽게 사용할 수 있는 제품 및 환경을 만드는 디자인을 말한다. 유니버설 디자인은 1960년대 베트남전쟁으로 발생한 다수의 전쟁 부상자들을 사회로 복귀시키기 위한 미국의 필요와 고령화 사회로 치닫고 있던 북유럽의 사회적 요인에 의해서 탄생하였다. 장애자나 고령자가 생활에서 어려움 없이 지낼 수 있는 '장벽이 없는(barrier free)' 생활을 추구하며, 1980년대 R. L. Mace 교수에 의해 모든 사람들이 사용하기 쉬운 물건과 환경을 만들자는 의미로 진화하였다.

〉〉 GCC(Gulf Cooperation Council, 걸프협력회의)

GCC는 바레인, 쿠웨이트, 사우디아라비아, 오만, 카타르, UAE의 걸프만 연안의 6개 산유국이 정치·경제·군사 등 여러 분야에서 역내 협력을 강화하기 위해 1981년에 결성한 지역협력기구이다. 이 6개국은 지리적으로 인접해 있을 뿐만 아니라 석유를 생산·수출하며 아랍어를 사용하고 이슬람교를 믿는 등 공통점을 가지고 있다. 역내 관세장벽 철폐, 여행제한의 해제, 공동시장의 출범 등을 실시하였다.

〉〉 금융윤리

윤리란 인간이 지켜야 할 바람직한 행동기준으로, 구성원들이 합의한 옳고 그름에 대한 판단기준을 의미한다. 금융상품은 실물 자체보다는 약속에 기초하기 때문에 시장이 공정하다는 신뢰가 바탕이 될 경우에만 고객의 참여와 시장의 형성이 가능하다. 따라서 금융산업에 있어서는 윤리적 규범이 강하게 적용된다. 금융윤리는 '고객에 대한 의무', '자본시장에 대한 의무', '소속 회사에 대한 의무' 등으로 구성된다.

〉〉 제론톨로지(gerontology, 노년학)

인간의 노화현상을 종합적으로 연구하는 학문으로, 가속화되는 고령화로 인해 나타날 수 있는 다양한 문제를 해결하기 위한 연구라고 할 수 있다. 1903년 프랑스 파스퇴르 연구소의 메치니코프 박사가 자신의 장수 연구에 대해 제론톨로지로 명명한 데서 비롯하였다. 노년생물학, 노년심리학, 노년경제학, 노년사회복지학, 노년의학 등 그 분야가 다양하며, '고령학', '장수학', '인생의 미래학' 등으로도 해석된다.

〉〉 빅데이터(big data)

기존의 데이터 수집, 저장, 관리, 분석을 뛰어 넘어 대량의 데이터 세트를 의미한다. 빅데이터는 거대한 크기(Volume), 다양한 형태(Variety), 빠른 속도(Velocity)의 3V를 특징으로 한다.

〉〉 (미)재무부채권(미국채, 미재정증권)

미연방정부가 재정자금을 마련하기 위해 미재무부 명의로 발행하는 채권. 만기에 따라 단기국채인 Treasury bill(T-bill), 중기국채인 treasury note(T-note), 그리고 장기국채인 treasury bond(T-bond)로 구분된다. T-Bill은 1개월, 3개월, 6개월물로 발행되는데 국채인데다 만기가 짧아 가장 안전한 투자자산으로 분류된다. T-note는 만기가 1년 이상 10년 이하(2, 3, 5, 7, 10년) 액면가는 1000달러에서 100만 달러까지 다양하다. 만기가 가장 긴 T-bond는 10년 이상(30년)의 장기채로 만기가 10년에서 30년에 이른다.

〉〉 더블 딥(double dip)

경기가 침체된 후 회복되는 듯이 보이다가 다시금 침체로 빠져드는 현상. 일반적으로 경기 침체로 규정되는 2분기 연속 마이너스 성장 직후 잠시 회복 기미를 보이다가 다시 2분기 연속 마이너스 성장으로 추락하는 것을 말한다. 두 번의 경기침체를 겪어야 회복기로 돌아선다는 점에서 'W자형' 경제구조라고도 한다. 우리말로는 '이중하강', '이중하락', '이중침체' 등으로 번역된다. 2001년 미국 모건스탠리 증권의 스테판 로치가 미국 경제를 진단하며 이 표현을 처음 썼다. 스테판 로치에 의하면 과거 6번의 미국 경기침체 중 5번에 더블딥이 있었다고 한다.

〉〉 순이자마진(NIM)

net interest margin, 은행 등 금융기관이 자산을 운용해 낸 수익에서 조달비용을 뺀 나머지를 운용자산 총액으로 나눈 수치로 금융기관 수익성을 나타내는 지표다. 예금과 대출의 금리 차이에서 발생한 수익과 채권 등 유가증권에서 발생한 이자도 포함된다. 순이자마진이 높을수록 은행의 수익이 커지는 반면 고객의 예금을 저금리로 유치해 고금리 대출을 한다는 비난을 받을 가능성이 커진다.

〉〉 그린스펀 풋(버냉키 콜)

전 FRB의장이었던 앨런 그린스펀 FRB의장은 1998년 발생한 롱텀캐피털매니지먼트(LTCM) 사태를 3차에 걸친 금리인하를 통해 성공적으로 마무리하며 시장의 신뢰를 회복했다. 위험을 상쇄시키는 능력 때문에 증시 침체로부터 옵션보유자를 보호하는 풋옵션과 비슷하다는 뜻으로 '그린스펀 풋(Greenspan put)'이란 용어까지 탄생했다. 이에 비해 그의 후임인 벤 버냉키 의장은 잦은 말바

꿈으로 인해 시장의 안정을 얻지 못했다. 취임 초기에는 인플레이션에 대한 언급 수위에 따라 증시가 요동을 친 적이 있었다. 인플레이션 우려로 금리 인상 가능성이 높아지면 '버냉키 충격(Bernanki shock)'이라 불릴 정도로 주가가 급락했고, 인플레이션이 통제 가능해 금리 인상 우려가 줄어들면 '버냉키 효과(Bernanki effect)'라 표현될 정도로 주가가 급등했다. 잦은 말바꿈으로 시장 참여자들이 느끼는 피로가 누적되면 옵션 보유자를 보호하지 못해 만기 이전이라도 권리행사를 촉진시키는 콜옵션과 비슷한 뜻으로 사용되고 있다.

〉〉 코바 워런트, KOBA 워런트, 조기종료 ELW(KOBA Warrant)

일반 주식워런트증권(ELW)에 조기종료(knock-out) 조건을 더해 손실위험을 상대적으로 줄인 상장 파생상품이다. 기초자산 가격이 조기종료 기준가에 도달하면 바로 상장폐지된다. 일반 ELW는 원금을 전액 날릴 수도 있지만 KOBA워런트는 조기종료되더라도 잔존가치만큼 원금을 건질 수 있다. 2010년 9월 6일 도입됐다.

〉〉 윔블던현상

윔블던 테니스대회의 주최국은 영국이지만, 우승은 외국 선수들이 더 많이 하는 현상에서 유래한 말로, 개방된 국내시장에서 자국 기업의 활동보다 외국계 기업들의 활동이 더 활발히 이루어지는 현상을 뜻한다.

① 영국은 1986년 금융빅뱅 단행 이후, 금융 산업의 개방화·자유화·국제화가 이루어지면서 영국 10대 증권사 대부분이 막강한 자금력을 동원한 미국과 유럽의 금융기관에 흡수합병되거나 도산하였다.

② **금융빅뱅** ··· 1986년 영국 정부가 단행한 금융 대개혁에서 유래된 말로, 금융 산업의 판도 변화를 위해 규제완화 등의 방법으로 금융 산업 체계를 재편하는 것을 이른다.

〉〉 메뉴비용

가격표나 메뉴판 등과 같이 제품의 가격조정을 위하여 들어가는 비용을 메뉴비용이라고 한다. 인플레이션의 발생으로 제품의 가격을 조정해야 할 필요가 있음에도 불구하고 기업들이 가격을 자주 조정하지 않는 이유는 이렇듯 가격을 조정하는 데 비용이 들기 때문이다. 하지만 최근 전자상거래, 시스템 등의 발달로 중간상인이 줄어들고, 손쉽게 가격조정이 가능해지면서 메뉴비용이 점차 낮아지고 있는 추세이다.

〉〉 엔저(円低)현상

① 원인

　　㉠ 일본 경제의 침체 지속

　　㉡ 일본의 대규모 무역수지적자

　　㉢ 유럽 재정위기 완화에 따른 안전자산 선호 심리 약화

　　㉣ 일본 은행의 양적완화 정책

　　㉤ 일본의 신용등급 하향 조정

② 엔저현상이 장기화될 경우 예상되는 피해

　　㉠ 가격 경쟁력 저하로 인한 해외 시장 점유율 하락

　　㉡ 일본 기업과의 경쟁 심화로 수익성 악화

　　㉢ 對日 수출 감소

③ 피해업종 … 철강·금속>조선·플랜트·기자재>음식료·생활용품>반도체·디스플레이>기계·정밀기기>가전제품 등

④ 정부 대책

　　㉠ 수출기업 금융지원 강화

　　㉡ 기업 환 위험관리 지원

　　㉢ 금리 인상 자제

　　㉣ 외환시장 모니터링 강화 및 시장개입

　　㉤ 신흥시장 개척 및 지원 확대

　　㉥ 해외 전시회 마케팅 지원 강화

〉〉 재무제표

기업 이해관계자의 경제적 의사결정에 기여하기 위하여 필요한 정보를 제공하는 회계보고서이다. 주로 기업의 거래를 측정·기록·분류·요약하여 작성하며, 그 종류로 대차대조표, 손익계산서, 이익잉여금처분계산서, 현금흐름표가 있다.

① 대차대조표 : 일정시점에서의 기업의 재정 상태를 보여주는 재무제표로, 일반적으로 작성 시점에서의 모든 자산을 차변(借邊)에, 모든 부채 및 자본은 대변(貸邊)에 기재한다.

② 손익계산서 : 경영성과를 밝히기 위하여 일정기간 내에 발생한 모든 수익과 비용을 대비해 순이익을 계산·확정하는 재무제표로, 대차대조표와 함께 재무제표의 중심을 이룬다.

③ 이익잉여금처분계산서 : 기업의 이월이익잉여금의 변동사항을 보여주는 재무제표로, 전기와 당기의 대차대조표일 사이에 이익잉여금이 어떻게 변화하였는가를 나타낸다.

④ 현금흐름표 : 일정기간 동안의 현금이 어떻게 조달되고 사용되는지 나타내는 재무제표로, 현금의 유입과 유출을 표시해 향후 발생할 자금 과부족현상을 미리 파악할 수 있다.

〉〉 생산가능곡선

일정한 생산요소를 완전히 사용하여 생산 활동을 한다고 할 때, 기술적으로 가능한 생산물조합을 그래프로 나타낸 것으로, 생산물변환곡선이라고도 한다. 개별기업이나 국가 같은 생산단위가 총생산요소를 사용하여 농산물과 공산품만 생산한다고 가정할 때 특정한 시점에서 공산물, 농산물을 각각 40단위와 30단위씩을 생산한다고 하자. 그러나 이 나라가 생산 가능한 생산물의 조합은 무수히 많다. 지금 40단위, 30단위 외에도 농업부문의 노동력과 기타의 생산요소를 공업부문으로 돌린다면 50단위, 25단위 또는 55단위, 23단위 등 수 없이 많은 형태의 생산물 조합을 취할 수가 있다. 이처럼 생산요소의 총량이 일정하다 해도 생산물 조합은 여러 가지로 나타날 수 있다.

〉〉 CBO와 LBO

① CBO(Collateralized Bond Obligation, 채권담보부증권) : 고수입·고위험의 투기등급 채권을 담보로 발행하는 증권으로, 회사채담보부증권이라고도 한다. 자산담보부채권(ABS)의 일송으로 미국 등에서는 부실위험을 회피하기 위해 예전부터 보편화되었다. 우선적으로 담보권을 행사할 수 있는 '선순위채권'과 그렇지 않은 '후순위채권'으로 분류된다.

② LBO(Leveraged Buy-Out) : 기업을 인수하는 M&A 기법의 하나로, 인수할 기업의 자산이나 앞으로의 현금흐름을 담보로 금융기관에서 돈을 빌려 기업을 인수·합병하는 것이다. 이러한 이유로 적은 자기자본으로도 큰 기업의 매수가 가능하다.

〉〉 포이즌필(poison pill)

적대적 인수·합병(M&A)의 시도나 경영권 침해가 발생할 때 기존 주주들에게 시가보다 싼 가격에 지분을 매입할 수 있도록 권리를 부여해 기업의 경영권을 방어하는 수단의 하나이다. M&A가 활발했던 1980~90년대 미국에서 유행했으며, 최근에는 적대적 방법으로 기업이 매수되더라도 기존 경영진의 위치를 보장할 수 있도록 사전에 조치해두는 황금 낙하산(golden parachute)의 의미로 통용되고 있다.

〉〉 교환사채(EB ; Exchangeable Bonds)

기업들이 보유하고 있는 자회사 등의 주식을 일정한 가격으로 교환해 주기로 하고 발행하는 회사채이다. 2001년 말부터는 자기주식을 대상으로 교환사채를 발행하는 것도 가능하나, 교환대상 유가증권은 상장유가증권으로 제한된다. 투자자가 채권을 주식으로 교환하게 되면, 교환사채를 발행한 발행사는 회사가 보유하고 있던 유가증권을 넘겨주어야 하므로 자산이 감소하게 되지만, 회사가 부채로 떠안고 있던 교환사채가 사라지면서 회사의 부채도 감소하는 효과가 있다.

〉〉 한계비용, 한계수익

① 한계비용 … 생산물 한 단위를 추가적으로 생산할 때 요구되는 총비용의 증가분으로, 한계생산비라고도 한다. 총비용 증가분의 생산량 증가분에 대한 비율로 표시하며, 전형적인 한계비용함수는 U자형을 취한다. 이는 생산량이 증가함에 따라 한계비용이 점차 감소하다가 어느 점을 지나면 점차 증가하는 것을 보여주는 결과로, 한계생산물의 감소와 증가를 반영하는 것이다.

② 한계수익 … 생산물의 한 단위를 추가적으로 판매할 때 따르는 매상금액, 즉 총수입의 증가분을 한계수입이라고 한다.

〉〉 페이고 원칙

'pay as you go'의 줄임말로 지출 증가나 세입 감소를 수반하는 새로운 법안을 상정할 때, 이에 상응하는 지출 감소나 세입 증가 등의 재원조달 방안을 동시에 입법화 하도록 의무화하는 것이다. 재정건전성을 저해할 수 있는 법안을 제한하고자 하는 취지이지만, 이로 인해 정책의 유연성이 떨어지는 단점이 있을 수 있다.

〉〉 스팩(SPAC ; Special Purpose Acquisition Company, 기업인수목적회사)

공모를 통해 다른 기업의 합병만을 사업목적으로 하는 명목상의 회사로, 페이퍼 컴퍼니의 일종이라고 할 수 있다. 투자자에게 안전한 M&A 기회를 제공하면서도 IPO 시장과 기업구조조정 및 인수합병을 활성화시키려는 목적으로 도입하였다. 공모를 통하여 투자자로부터 자금을 모으고, 기업합병에 따른 주가상승으로 수익을 창출한다.

>> 스트레스 테스트(stress test)

'금융시스템 스트레스테스트'의 준말로 예외적이지만 개연성 있는 경제적 충격에 대한 금융회사 또는 금융시스템의 위기관리 능력을 평가하는 일련의 분석기법들을 지칭한다. 2000년대 이후 거시건전성감독의 중요성이 부각되면서 중앙은행을 중심으로 금융시스템 전체를 대상으로 하는 거시적 스트레스테스트가 발전하였다. 금융기관이 경기침체기에 경기 변동성을 대비하는 데 유용한 기초자료로 활용된다.

>> 코넥스(KONEX ; Korea New Exchange)

창업 초반의 중소기업을 위한 전용 주식시장이며, 코스닥 전 단계의 주식시장이라고 할 수 있다. 은행 대출이 안 될 경우 자금난을 겪을 수밖에 없는 중소기업이 원활하게 자금을 조달할 수 있도록 하겠다는 취지에서 2013년 7월 1일에 개장했다. 기존 주식시장인 코스피와 코스닥에 비해 상장 문턱이 낮아서 자기자본 5억 원 이상, 매출액 10억 원 이상, 순이익 3억 원 이상이라는 3가지 조건 가운데 1가지만 충족하면 상장할 수 있다.

>> 하이일드펀드(high yield fund)

수익성은 높시만 신용도가 취약한 고수익·고위험 채권인 '정크본드(Junk Bond)'에 투자하는 펀드로, 투기채펀드라고도 부른다. 정해진 만기까지 중도환매가 불가능한 폐쇄형이라는 점에서 뮤추얼펀드와 비슷하다. 하이일드펀드는 신용등급이 BB+이하인 투기등급채권과 B+이하의 기업어음에 자산의 50% 이상을 투자하고, 투자부적격인 채권을 주로 편입해 운용하는 펀드이므로 발행자의 채무불이행 위험이 상당히 높다. 즉, 투자를 잘하면 고수익이 보장되지만 그렇지 않을 경우 원금 손실의 위험이 따른다.

>> CDS(Credit Default Swap)

채권 등의 형태로 자금을 조달한 채무자의 신용위험만을 별도로 분리해 이를 시장에서 사고파는 신용파생상품의 일종이다. 자본시장이 채무자의 신용위험에 대한 프리미엄을 받고 위험을 부담하는 보험의 역할을 한다. 금융기관 대 금융기관의 파생상품거래의 성격이기 때문에 CDS 거래가 많아져야 시장이 활성화된다.

〉〉 선물거래와 선도거래

① 선물거래(futures trading)

　　㉠ 선물거래는 장래의 일정한 시점에 미리 정한 가격으로 매매할 것을 현재의 시점에서 약정
　　　하는 거래이다.

　　㉡ 선물의 가치가 현물시장에서 운용되는 기초자산(채권, 외환, 주식 등)의 가격변동에 따라
　　　파생적으로 결정되는 파생상품 거래의 일종이다.

　　㉢ 정해진 가격으로 매매를 약속한 것이기 때문에 가격변동으로 발생할 수 있는 위험을 회피
　　　할 수 있지만, 최근으로 오면서 첨단 금융기법을 이용하여 위험을 능동적으로 받아들임으
　　　로써 오히려 고수익·고위험의 투자 상품으로 발전했다.

　　㉣ 선물거래의 대상으로는 원유, 곡물 등부터 금리, 통화, 주식, 채권 등 금융상품까지 확대되
　　　고 있다.

② 선도거래(forward transaction)

　　㉠ 선도거래는 선물거래의 한 방식으로, 불특정 다수의 참가자가 한 장소에 모여 일정한 규칙
　　　을 가지고 거래하는 보통의 선물거래와 달리 매입자와 매도자 쌍방이 교섭하여 결제일이나
　　　거래량 등을 결정하는 방식이다.

　　㉡ 선도거래는 거래소가 결제기일을 지정하기도 하고 거래의 수도결제가 매월 일정한 날에 행
　　　해지는 등 거래방법이 고정되어 있는 선물거래에 비해 거래기간, 금액 등 거래방법을 자유
　　　롭게 정할 수 있는 주문자 생산형태로, 장외거래라고도 한다.

　　㉢ 거래 당사자가 전화로 상대방과 계약하는 은행 간의 외국환 거래, 상품시장의 원유가격 등
　　　이 선도거래에 해당한다.

〉〉 콜옵션과 풋옵션

① 콜옵션(call option)

　　㉠ 콜옵션이란 특정한 기초자산을 만기일이나 만기일 이전에 미리 정한 행사가격으로 매입할
　　　수 있는 옵션이다.

　　㉡ 콜옵션 매입자의 손익 : 기초자산의 현재가격, 행사가격 및 매입 시 지불한 옵션가격에 의해
　　　결정

② 풋옵션(put option)

　　㉠ 풋옵션이란 미래의 일정한 기간 내에 특정한 상품(주식, 채권, 통화, 금리 등)을 일정한 가
　　　격과 수량으로 매각할 권리이다.

ⓛ 매수자와 매도자

- 매수자 : 지정된 통화 및 금융을 사전에 계약된 환율로 일정한 기간 내에 강매할 권리가 있다.
- 매도자 : 매수자의 권리행사에 대하여 지정된 통화 및 금액을 사전에 계약된 환율로 특정한 기일 내에 매입할 의무가 있다.

〉〉 ELS · ELF · ELD

① ELS(Equity Linked Securities, 지수연계증권) … 주가지수의 수치나 특정 주식의 가격에 연계하여 수익이 결정되는 유가증권이다. 자산을 우량 채권에 투자하여 원금을 보존하고 일부를 주가지수 옵션 등 금융파생 상품에 투자해 고수익을 노리는 유가증권에 대하여 적용되는 일반적인 규제가 동일하게 적용되나 주식이나 채권에 비해 손익구조가 복잡하다. 또한 원금과 수익을 지급받지 못할 위험성도 있고 투자자가 만기 전에 현금화하기가 어렵다는 특징도 지닌다.

② ELF(Equity Linked Fund, 주가연계펀드) … 투자신탁회사들이 ELS 상품을 펀드에 편입하거나 자체적으로 원금 보존을 위한 펀드를 구성하여 판매하는 파생상품펀드의 일종이다. 펀드자산의 대부분을 국공채나 우량 회사채 등과 같은 안전자산에 투자하여 원금을 확보하고, 잔여재산을 증권회사에서 발행한 ELS 권리증서(warrant)에 편입해 펀드 수익률이 주가에 연동되도록 설계한다. 이로 인해 ELF는 펀드의 수익률이 주가나 주가지수에 의해 결정되는 수익구조를 보인다.

③ ELD(Equity Linked Deposit, 지수연동성기예금) … 은행권 파생형예금상품으로 예금의 일부가 시장 지수에 연결되어 있는 정기예금이다. 위험이 따르는 직접투자보다는 원금이 보장되는 간접투자를 선호하는 사람들에게 적합한 상품이다.

〉〉 대차거래(loan transaction)

신용거래의 결제에 필요한 자금이나 유가증권을 증권금융회사와 증권회사 사이에 대차하는 거래를 말한다. 일본의 증권용어로 우리나라의 유통금융과도 유사하다.

ⓐ 대차종목 : 대차거래에 있어 적격종목
ⓛ 대차가격 : 종목별 융자 또는 대주를 실시할 때 적용되는 주당가격

>> 유상증자

회사가 사업을 운영하는 중 필요한 자금 조달을 위해 신주를 발행하여 주주로부터 자금을 납입받아 자본을 늘리는 것을 말한다. 유상증자의 형태에는 다음 3가지가 있다.

① **주주할당방법** … 주주에게 신주인수권을 주어 이들로부터 신주주를 모집

② **제3자할당방법** … 회사의 임원 · 종업원 · 거래선 등에게 신주인수권을 주어서 신주를 인수

③ 널리 일반으로부터 주주를 모집

>> 희소성의 법칙

① 희소성(scarcity)의 법칙이란 한 사회가 가지고 있는 경제적 자원이 인간의 욕망에 비하여 수량이 제한되어 있음을 의미한다.

② 제한된 경제적 자원을 인간이 어떻게 효율적으로 이용할 것인지에 대한 선택의 문제가 따르게 된다.

>> 미시경제학과 거시경제학

① **미시경제학**(microeconomics)

　㉠ 가계와 기업이 어떻게 의사 결정을 내리며 시장에서 이들이 어떻게 상호작용을 하는가를 연구하는 분야이다.

　㉡ 자원배분과 분배의 문제에 관심의 초점을 둔다. 이를 위해서는 개별 시장 혹은 개별 경제 주체의 차원에서 분석을 해야 할 필요가 있다.

　㉢ 개별상품시장에서 이루어지는 균형, 즉 수요와 공급에 의해서 결정되는 생산량과 가격에 분석의 초점을 둔다. 이러한 분석은 생산물시장뿐 아니라 생산요소시장에도 해당된다.

　㉣ 그 외에도 정보의 비대칭성, 외부성, 공공재 등에 대한 연구도 포함된다.

② **거시경제학**(macroeconomics)

　㉠ 인플레이션, 실업, 경제성장, 국제수지 등과 같이 나라 경제 전체에 관한 경제현상을 연구하는 학문이다.

　㉡ 경제의 성장과 안정에 관심의 초점을 둔다. 안정과 성장은 국민경제 전반에 관한 문제로 전반적인 흐름에 관심의 초점을 두어야 한다.

　㉢ 거시경제의 주요 변수로는 물가, 실업, 국민소득 등이 있으며 이에 대한 분석을 한다.

　㉣ 그 외에도 경기변동과 경제성장에 대한 분석을 포함한다.

〉〉 기회비용과 매몰비용

① 기회비용(opportunity cost)

　　㉠ 기회비용은 어떤 대안을 택함으로써 포기해야하는 다른 대안 중에서 가치가 가장 큰 것을 의미한다.

　　㉡ 기회비용은 희소한 자원을 최대한 효율적으로 분배할 것인지에 관한 선택의 문제에서 발생하는 개념이다.

② 매몰비용(sunk cost)

　　㉠ 매몰비용은 지출하면 회수가 불가능한 비용을 말한다.

　　㉡ 합리적인 선택을 위해서는 이미 지출되었으나 회수가 불가능한 매몰비용은 고려하지 않는다.

〉〉 시장경제의 특성

① 시장경제 제도의 원칙

　　㉠ **사유재산권** : 재산의 소유, 사용, 처분이 재산 소유주 의사에 따라 자유롭게 이루어지는 원칙이다.

　　㉡ **경제활동의 자유** : 경제 행위에 대한 개인의 의사결정이 자유롭게 이루어지며 책임이 따른다.

　　㉢ **사적이익 추구** : 개인의 경제적 이득을 얻기 위한 경제활동의 참여를 보장한다.

② 시장경제의 부정적 측면

　　㉠ **빈부격차** : 모든 경제주체들의 능력과 소질의 차이로 인하여 발생한다.

　　㉡ 실업과 인플레이션이 발생한다.

　　㉢ 무분별한 개발로 인한 환경 파괴 및 오염문제가 발생한다.

　　㉣ **인간 소외 현상** : 인간성이 소외 되고 물질의 지배를 받게 되는 현상이 생긴다.

　　㉤ 집단이기주의 및 지역이기주의 등으로 공적이익과 사적이익 사이의 대립이 발생한다.

③ **우리나라의 경제제도** … 원칙적으로는 시장경제 체제를 유지하면서 시장경제의 문제점을 해결하고 경제질서를 유지하기 위하여 일정한 범위 내에서는 정부의 개입을 인정하는 혼합경제체제를 채택하고 있다.

〉〉 수요의 가격탄력성 결정요인

① 대체재의 수가 많을수록 그 재화는 일반적으로 탄력적이다.

② 사치품은 탄력적이고 생활필수품은 비탄력적인 것이 일반적이다.

③ 재화의 사용 용도가 다양할수록 탄력적이다.

④ 수요의 탄력성을 측정하는 기간이 길수록 탄력적이다.

〉〉 무차별곡선 이론

소비자에게 동일한 만족 또는 효용을 제공하는 재화의 묶음들을 연결한 곡선을 말한다. 즉 총효용을 일정하게 했을 때 재화의 조합을 나타내는 것으로 무차별곡선상의 어떤 조합을 선택하여도 총효용은 일정하다. 때문에 만약 X재의 소비량을 증가시키는데 Y재의 소비량이 그대로라면 총효용은 증가하게 되어 무차별곡선 자체가 이동하게 되므로 Y재의 소비량은 감소시켜야 한다. 즉, 한 재화의 소비량을 증가시키면 다른 재화의 소비량은 감소하므로 무차별곡선은 우하향하는 모습을 띤다. 무차별곡선은 다음과 같은 가정을 지닌다.

① 완전성(completeness) … 선호는 완전하며 소비자는 선택 가능한 재화 바스켓을 서로 비교하며 순위를 매길 수 있다.

② 전이성(transitivity) … 선호는 전이성을 가지며 만약 A재화를 B보다 더 선호하고 B를 C보다 더 선호한다면 이는 소비자가 A보다 C를 더 좋아한다는 것을 의미한다.

③ 불포화성 … 아무리 소비를 증가시켜도 한계효용은 마이너스 값을 갖지 않는다.

〉〉 경제완전경쟁시장

① 완전경쟁시장을 위한 조건

    ㉠ 제품의 동질성 : 수요공급분석에서 하나의 시장가격만이 존재한다.

    ㉡ 자유로운 진입과 퇴출 : 새로운 기업이 해당산업에 진입하거나, 해당산업으로부터 나오는 것에 특별한 비용이 발생하지 않는다.

    ㉢ 가격수용자로서 수요자와 공급자 : 시장가격에 영향을 미칠 수 없는 기업이나 소비자이다.

    ㉣ 자원의 완전한 이동과 완벽한 정보를 얻을 수 있다.

② 완전경쟁시장의 균형

　㉠ 단기균형

　　• 수요곡선과 공급곡선이 교차하는 점에서 가격과 수요량이 결정된다.

　　• 단기에 기업은 초과이윤을 얻을 수도 손실을 볼 수도 있다.

　㉡ 장기균형

　　• 장기에 기업은 정상이윤만을 획득한다(정상이윤은 보통 '0'을 뜻한다).

　　• 장기에는 최적시설규모에서 최적량을 생산한다.

〉〉 독점시장

① 독점의 발생원인 … 진입장벽의 존재

　㉠ 생산요소의 공급 장악

　㉡ 규모의 경제로 생산비용의 절감

　㉢ 특허권, 자격증(독점생산권)

② 독점시장의 특징

　㉠ 독점기업은 시장에 가격을 결정할 수 있는 지배력을 가진다.

　㉡ 독점기업은 경쟁압력에 시달리지 않는다.

〉〉 게임이론

① 게임이론의 기본요소

　㉠ **경기자** : 둘 이상의 경제주체가 게임의 주체로 기업과 개인 등이 이에 해당한다.

　㉡ **전략** : 게임을 통해 경기자들이 이윤극대화를 위해 선택할 수 있는 대안을 말한다.

　㉢ **보수** : 게임을 통해 경기자가 얻게 되는 이윤이나 효용을 말한다.

② 게임의 종류

　㉠ 제로섬게임과 비제로섬게임

　㉡ 정합게임과 비정합게임

　㉢ 동시게임과 순차게임

　㉣ 협조적 게임과 비협조적 게임

>> 시장실패와 정부실패

① 시장실패란 자유로운 시장의 기능에 맡겨둘 경우 효율적인 자원 배분을 달성하지 못하는 것을 말한다.

② 시장실패의 보완을 위하여 정부가 개입한다면 민간부문에서의 자유로운 의사결정이 교란되어 더 큰 비효율성이 초래될 수 있다.

③ 시장실패가 일어났다 하더라도 정부개입이 효율성을 증진시킬 수 있는 경우에 한하여 개입을 시도하여야 정부실패를 방지할 수 있다.

④ 독과점, 공공재, 정보비대칭 등으로 시장실패가 발생한다.

>> 국내총생산(GDP ; Gross Domestic Product)

① GDP는 일정기간 동안 한 나라 국경내에서 생산된 최종생산물의 가치로 정의된다.

② GDP는 '일정기간 동안'이므로 유량개념이 포함되며 또한 '국경내에서'이므로 속지주의 개념이 포함된다. 국경내에서의 생산이라면 생산의 주체가 자국인인지 외국인인지는 고려하지 않는다.

③ GDP는 최종생산물에 대한 가치이므로 중간생산물은 GDP집계에 포함되지 않는다.

④ 주부의 가사업무는 GDP에서 제외되나 파출부의 가사업무는 GDP에 포함된다.

⑤ 주택을 새로 건설한 것은 GDP에 포함되나 기존의 주택을 제3자에게 판매한 것은 GDP에 포함하지 않는다.

>> 국민총소득(GNI ; Gross National Income)

국민소득 중 지출측면의 특성을 강조한 것으로 종래의 GNP에 해당한다. 생산과 소득의 구분 필요성에 따라 우리나라도 1995년부터 소득지표로 GNP 대신 GNI를 사용하고 있다. GNI는 한 나라의 국민이 생산활동에 참여하여 벌어들인 총소득의 합계로서 기존의 GDP에 대외 교역조건의 변화를 반영한 소득지표라 할 수 있다.

① **명목 GNI** … 한 나라의 국민이 국내외에서 생산활동의 참여대가로 벌어들인 명목소득으로서 명목 국내총생산에 명목 국외순수취요소소득을 더하여 산출한다.

② **실질 GNI** … 한 나라의 국민이 국내외에 제공한 생산요소에 의하여 발생한 소득의 합계로서 거주자에게 최종적으로 귀착된 모든 소득의 합계이다. 실질 국내총소득에 실질 국외순수취요소소득을 더하여 산출한다.

〉〉 실질 국내총소득(GDI ; Gross Domestic Income)

한 나라의 거주민이 국내외 생산요소들을 결합하여 생산활동을 수행한 결과 발생한 소득을 의미하며 생산활동을 통하여 획득한 소득의 실질구매력을 나타내는 지표이다. 실질 국내총소득은 GDP에서 교역조건의 변화에 따른 실질 무역손익을 더하여 산출한다.

〉〉 케인즈의 국민소득 결정이론

① 주요가정

    ㉠ 소비는 소득의 함수이다.

    ㉡ 공급은 충분하나 유효수요가 부족하다.

    ㉢ I(투자), G(정부지출), NX(순수출)은 외생적으로 주어진다.

    ㉣ 소비가 미덕이다.

② 평가

    ㉠ 대공황을 겪으며 등장하게 된 케인즈는 정부의 적극적인 시장개입을 강조했다.

    ㉡ 소비가 미덕임을 강조하여 절약의 역설을 강조한다.

    • 절약의 역설은 저축의 증가는 총수요를 감소시키고 총수요의 감소는 국민소득을 감소시켜 경제의 총저축은 오히려 감소한다는 것을 말한다.

    • 절약의 역설은 저축이 증가하더라도 투자기회가 부족하여 저축이 투자로 연결되지 않는 나라에서 성립한다.

    • 개발도상국이나 후진국과 같이 투자기회는 많으나 자본이 부족한 나라에서는 성립하지 않는다.

〉〉 신용카드 사용과 통화량

① 신용카드 사용은 대금의 지급을 결제일까지 연기하는 것으로 개인의 부채이다.

② 신용카드의 대중화는 화폐보유수요를 감소시킨다.

③ 신용카드는 지급의 연기수단으로 대금을 상환할 시기에 사용한 사람의 예금계좌를 통해 갚는 것으로 예금계좌에 있던 잔고는 통화저량의 일부분으로 이미 포함된 것이다.

④ 신용카드 사용액은 통화량에 포함되지 않는다.

〉〉 케인즈의 화폐수요

① 화폐수요

　　㉠ 거래적 동기 : 소득의 증가함수(소득이 증가하면 화폐수요 증가)

　　㉡ 예비적 동기 : 소득의 증가함수

　　㉢ 투기적 동기 : 이자율의 감소함수(이자율이 감소하면 화폐수요 증가)

㉡ 유동성함정

　　㉠ 이자율과 채권가격은 역의 관계이므로 이자율이 매우 낮은 경우 채권가격은 매우 높은 수준이다. 따라서 채권가격이 하락할 것을 예상하므로 경제주체들은 현금을 보유하려고 할 것이다.

　　㉡ 화폐수요의 증가가 무한히 계속되는 구간을 유동성함정구간이라고 한다. 유동성함정구간은 경기가 침체된 상태일 경우 발생한다.

〉〉 본원통화

① 중앙은행에서 공급하는 통화를 말하는 것으로 공급하는 양보다 크게 통화량을 증가시킨다.

② 본원통화는 중앙은행의 부채에 해당한다.

③ 현금통화 + 예금은행 지급준비금 = 화폐발행액 + 중앙은행 지준예치금

④ 화폐발행액 = 현금통화 + 예금은행 시재금

⑤ 예금은행 지급준비금 = 예금은행 시재금 + 중앙은행 지준예치금

〉〉 금융정책

① 개념

　　㉠ 금융시장의 균형을 통화량의 조절을 통해 이룬다.

　　㉡ 중앙은행이 각종 금융정책수단을 이용하여, 자금의 흐름을 순조롭게 함으로써 생산과 고용을 확대시키고, 다른 한편으로는 통화가치를 안정시키고 완전고용, 물가안정, 경제성장 및 국제수지균형 등의 정책목표를 달성하려는 경제정책을 말한다.

② 금융정책의 수단

　　㉠ 일반적인 금융정책수단(간접규제수단)

　　　• 공개시장조작정책 : 공개시장에서 국공채를 매입·매각함으로써 통화량과 이자율을 조정하는 것을 말한다. 통화량 조절수단 중 가장 빈번하게 이용되는 정책수단이다.

- 장점 : 은행, 비은행금융기관, 법인 등의 다양한 경제주체가 참여하여 시장 메커니즘에 따라 이루어지므로 시장경제에 가장 부합되는 정책이다. 또한 조작규모나 조건, 실시시기 등을 수시로 조정하여 신축적인 운용이 가능하며 파급효과가 광범위하고 무차별적이다.
- 국공채매입 → 본원통화↑ → 통화량↑ → 이자율↓
- 국공채매각 → 본원통화↓ → 통화량↓ → 이자율↑

※ 이자율의 상승은 외국인의 국내투자를 증대시키고 이로 인하여 달러의 공급이 증가하여 환율이 하락한다.

- 재할인율정책 : 예금은행이 중앙은행으로부터 차입할 때 적용받는 이자율인 재할인율을 조정함으로써 통화량과 이자율을 조절하는 정책이다. 재할인율정책이 효과적이 되기 위해서는 예금은행의 중앙은행에 대한 자금의존도가 높아야 한다.
- 재할인율↓ → 예금은행 차입↑ → 본원통화↑ → 통화량↑ → 이자율↓
- 재할인율↑ → 예금은행 차입↓ → 본원통화↓ → 통화량↓ → 이자율↑
- 지급준비율정책 : 법정지급준비율을 변화시킴으로써 통화승수의 변화를 통하여 통화량과 이자율을 조절하는 정책이다(본원통화의 변화는 없다).
- 지준율↓ → 통화승수↑ → 통화량↑ → 이자율↓
- 지준율↑ → 통화승수↓ → 통화량↓ → 이자율↑

ⓛ 선별적인 정책수단(직접규제수단)

- 대출한도제 : 직접적으로 중앙은행과 예금은행의 대출한도를 제한하거나 자산을 규제함으로써 금융기관의 대출한도를 제한하는 것이다.
- 이자율규제 : 은행의 예금금리와 대출금리를 직접규제하는 것이다.
- 창구규제, 도의적 설득

〉〉 물가안정목표제(inflation targeting)

① 개념 … 중앙은행이 물가상승률 목표를 명시적으로 제시하고 정책금리 조정 등을 통해 이를 직접 달성하려고 하는 통화정책 운영방식이다. 이 방식은 경제의 지속적 성장을 위해서는 임금, 가격 등의 결정에 큰 영향을 미치는 장래 예상물가의 안정이 무엇보다 중요하다는 인식을 바탕으로 중앙은행이 물가목표를 사전에 제시하고 달성해 나감으로써 일반 국민들의 기대인플레이션이 동 목표 수준으로 수렴하도록 하는 데 주안점을 두고 있다.

② 운용방식

　㉠ 물가안정목표제에서는 정책시행에 있어 통화량뿐만 아니라 금리, 환율, 자산가격 등 다양한 변수를 활용한다.

　㉡ 우리나라에서는 금융기관 간 초단기 자금거래에 적용되는 기준금리를 일정 수준으로 유지하는 방식으로 물가안정목표제를 운용하고 있다.

　㉢ 한국은행은 1998년부터 물가안정목표제를 도입·운영하고 있으며 현재 물가안정목표는 대상기간을 2016~2018년으로 하여 소비자물가 연평균 상승률기준 2%로 설정했다.

〉〉 한국은행의 금리조정 파급경로

① 한국은행은 2008년 3월부터 7일물 환매조건부채권(RP) 금리를 기준금리로 사용하고 있다.

② 매월 두 번째 주 목요일 금융통화운영위원회를 열어 기준금리 목표를 정한 후, 기준금리가 이 목표치에 도달하도록 채권을 시장에서 사고 팔아(open market operation) 통화량을 조절한다.

　㉠ 기준금리 상향 조정시 : 채권을 시중에 매각하여 통화량을 줄임

　㉡ 기준금리 하향 조정시 : 시중의 채권을 매입하여 통화량을 늘림

〉〉 실업의 유형 및 대책

① 유형

　㉠ 마찰적 실업 : 직장을 옮기는 과정에서 일시적으로 실업상태에 놓여 있는 것을 말한다.

　　• 정부에서는 공공정책을 통하여 마찰적 실업을 낮추어 자연실업률을 감소시키려 한다.

　　• 실업급여(보험)의 효과로 마찰적 실업의 규모를 증대시키는 경향이 있다.

　㉡ 탐색적 실업 : 기존의 직장보다 나은 직장을 찾기 위해 실업상태에 있는 것을 말한다.

　㉢ 경기적 실업 : 경기침체로 인해 일자리가 감소하여 발생하는 대량의 실업상태를 말한다.

② 구조적 실업

　㉠ 급속한 경제변화로 사양산업분야에 노동공급과잉으로 발생하는 실업을 말한다.

　㉡ 임금 경직성과 일자리 제한으로 인한 실업을 말한다.

② 대책

　㉠ 완전고용 상태 하에서도 자발적 실업(마찰적 실업 + 탐색적 실업)은 존재한다.

　㉡ 자발적 실업을 줄이기 위한 대책은 시장의 직업정보를 경제주체들에게 원활하게 제공하는 것이다.

　㉢ 경기적 실업의 경우는 경기가 살아나면 기업의 노동수요가 증가하여 어느 정도 해소될 것이다.

　㉣ 구조적 실업은 사양산업의 노동자들에게 재교육을 시켜 다른 산업으로 이동할 수 있도록 도와주는 것으로 해소할 수 있다.

〉〉 인플레이션(inflation)

① 인플레이션의 개념

 ㉠ 인플레이션은 물가수준이 지속적으로 상승하는 것을 말한다.

 ㉡ 인플레이션은 소비자물가지수가 상승하는 것으로 알 수 있다.

② 인플레이션의 발생원인

 ㉠ 통화량의 과다증가로 화폐가치가 하락한다.

 ㉡ (과소비 등으로) 생산물수요가 늘어나서 수요초과가 발생한다.

 ㉢ 임금, 이자율 등 요소가격과 에너지 비용 등의 상승으로 생산비용이 오른다.

③ 인플레이션의 유형

 ㉠ 수요견인 인플레이션

  • 총수요가 초과하여 발생하는 인플레이션이다.

  • 정부지출의 증가나 통화량의 증가 등으로 총수요가 증가하여 발생한다.

 ㉡ 비용인상 인플레이션

  • 생산비용이 증가하여 발생하는 인플레이션이다.

  • 유가상승, 원자재 가격상승 등 생산비 증가로 총공급이 감소하여 발생한다.

④ 혼합형 인플레이션

 ㉠ 총수요측 요인과 총공급측 요인이 동시에 작용하여 발생하는 물가상승을 의미한다.

 ㉡ 총수요 증가와 총공급 감소가 동시에 이루어지면 물가가 대폭 상승하게 된다. 그러므로 총
수요곡선과 총공급곡선의 이동폭에 따라 국민소득은 증가할 수도 있고 감소할 수도 있다.

⑤ 인플레이션의 해결 … 물가안정은 지속적인 경제성장, 안정적인 국제수지와 함께 중요한 경제정
책과정 중 하나이다. 따라서 경제안정과 발전을 위해 적절한 물가를 유지시키는 물가정책은
반드시 필요하며 이러한 물가정책은 인플레이션의 원인에 따라 그 해결방법이 상이하다.

 ㉠ **총수요 억제정책** : 실물수요의 증가가 물가상승의 원인인 경우 총수요(소비수요 + 투자수요
+ 재정수요)를 감소시키고 통화공급 과잉이 원인인 경우 통화의 공급을 감소시켜 총수요와
총공급을 균형화하는 정책을 말한다.

 ㉡ **경쟁촉진정책** : 물가상승이 독과점의 형성에서 기인한 경우 정부가 이들 기업에 대한 적절
한 규제를 가함으로써 공정거래의 성립 및 기업 간 자유경쟁을 조장하도록 하는 정책을 말
한다.

ⓒ 소득정책 : 1960년대에 등장한 새로운 정책으로 임금상승이 물가상승의 주원인인 경우 임금
상승률의 상한선을 정하는 등 생산성 향상을 초과하는 요소비용 상승을 막기 위한 정책이다.
② 구조정책 : 특정산업의 저생산성이 물가상승의 원인인 경우 해당분야의 생산성 증가를 위
한 유통구조 개선, 근대화 촉진 등의 구조정책을 취하는 것을 말한다.
◎ 기타정책 : 공공요금의 인상억제, 환율의 안정, 국제협력 등의 정책이 있다.

〉〉 필립스곡선

영국의 경제학자 필립스가 명목임금상승률과 실업률 사이의 관계를 실제 자료에서 발견하며 등장
한 것으로 전통적인 인플레이션은 물가상승과 실업의 감소를 초래하는데 필립스곡선은 바로 이러
한 물가상승률과 실업률 사이의 음(−)의 상관관계를 나타낸다. 필립스곡선은 우하향하므로 실업
률을 낮추면 인플레이션율이 상승하고 인플레이션을 낮추기 위해서는 실업률의 증가를 감수해야
한다. 이것은 완전고용과 물가안정을 동시에 달성할 수 없음을 나타내며 필립스곡선은 이러한 모
순을 밝힘으로써 정책분석에 크게 기여하였다.

〉〉 경제성장

① 경제성장이란 총생산량(GDP)의 증가뿐만 아니라 자본축적, 기술진보, 산업구조의 변화 등 경
제사회의 전반적인 변화로 인한 생산력의 증대현상을 의미한다.

② 경제성장의 요인
ⓐ 물적 자본 : 재화와 서비스의 생산에 투입되는 장비와 구조물
ⓑ 인적 자본 : 근로자들이 교육과 훈련, 경험을 통해 습득하는 지식과 기술
ⓒ 천연 자원 : 토지, 광물 등 자연에 의해 제공되는 생산요소
② 기술 지식 : 재화와 서비스를 생산하는 최선의 방법에 대한 사회의 이해

③ 경제성장을 위한 정부대책
ⓐ 저축과 투자의 장려
ⓑ 교육에 대한 지원
ⓒ 외국투자 자본의 유치
② 통상정책의 확대
◎ 새로운 기술에 대한 연구 · 개발
ⓗ 재산권과 정치적 안전의 보장

〉〉 경기변동

① 경기종합지수(CI ; Composite Index) … 경기변동의 국면, 전환점과 변동속도 및 경기변동의 진폭까지 측정할 수 있는 경기지표의 일종이다. 경기와 연관이 높은 경제지표들을 선정한 후 가공·종합하여 작성하며 선행종합지수, 동행종합지수, 후행종합지수로 구분된다.

  ㉠ 선행종합지수 : 미래의 경기동향을 예측하는 지표로서 구인구직비율, 소비자기대지수, 건설수주액, 자본재수입액, 총유동성 등 10개 지표들의 움직임을 종합하여 산출한다.

  ㉡ 동행종합지수 : 현재 경기동향을 나타내는 지표로서 비농가취업지수, 산업생산성지수, 제조업가동률지수, 도소매판매액지수, 수입액, 서비스업활동지수 등 8개 지표를 종합하여 산출한다.

  ㉢ 후행종합지수 : 현재 경기를 사후에 확인하기 위해 작성되며 상용근로자수, 이직자수(제조업), 도시가계소비지출(전가구), 소비재수입액(실질), 생산자제품재고지수, 회사채유통수익률을 지표로 사용한다.

② 설문조사에 의한 예

  ㉠ 기업경기실사지수(BSI ; Business Survey Index)

    • 경기동향에 대한 기업가들의 주관적 판단·예측 및 계획 등이 단기적인 경기변동에 중요한 영향을 미친다는 경험적인 사실을 토대로 설문서를 통해 기업가의 경기동향 판단, 예측 등을 조사하여 지수화한 지표를 말한다.

    • BSI지수는 0~200의 범위 내에서 움직이며 BSI지수가 100이상인 경우는 향후 경기를 긍정적으로 전망하는 기업가가 향후 경기를 부정적으로 전망하는 기업가보다 많음을 의미하여 경기확장국면을 예상하고 100이하인 경우는 그 반대를 예상한다.

  ㉡ 소비자태도지수(CSI ; Consumer Sentiment Index)

    • 소비자의 경기에 대한 인식은 앞으로의 소비행태에 영향을 미치게 되므로 이를 경기동향의 파악·예측에 활용할 수 있다. CSI지수는 소비자의 현재 및 미래의 재정상태, 소비자가 인식하는 전반적인 경제상황과 물가 등에 대한 설문조사결과를 지수로 환산하여 나타낸다. CSI가 기준치 100보다 높은 경우 향후 경제상황을 호전이라 예상하는 소비자가 경제상황의 악화를 전망하는 소비자보다 많다는 뜻이며 100 미만이면 그 반대이다.

    • 작성 근거가 소비자의 경기에 대한 인식이므로 기업가를 근거로 하는 기업경기실사지수와 상이할 수 있다.

〉〉 자본시장과 금융투자업에 관한 법률

① 자본시장법 제정의 기본 방향

   ㉠ **포괄주의 규율체제로의 전환** : 향후 출현가능한 모든 금융투자상품을 자본시장법률의 규제 대상에 포함하고, 금융투자업자가 취급할 수 있는 상품의 범위와 투자자 보호 규제의 대상을 대폭 확대하였다.

   ㉡ **기능별 규율체제의 도입** : 종전의 기관별 규율체제에 따른 규제차익 등의 문제를 해결하기 위하여 경제적 실질이 동일한 금융기능을 동일하게 규율하는 기능별 규율체제로 전환하였다.

   ㉢ **업무범위의 확대** : 현행 업무범위의 엄격한 제한에 따른 문제를 해결하기 위하여 금융투자업자의 업무 범위를 대폭 확대하였다.

   ㉣ **투자자 보호제도의 선진화** : 투자자 보호 강화를 위하여 설명의무, 적합성 원칙, 적정성 원칙 및 요청하지 않은 투자권유 등 투자권유 규제를 도입하였다.

② 자본시장법 제정에 따른 기대효과

   ㉠ **자본시장의 자금중개기능의 활성화** : 기업, 금융소비자 및 금융투자업자 측면에서 자금조달, 자금운용 및 자금조달의 지원기능을 수행할 수 있다.

   ㉡ 투자자 보호강화를 통한 자본시장의 신뢰성 제고

   ㉢ 선진 투자은행과 경쟁할 수 있는 금융투자회사의 출현기반 마련

〉〉 금융시장의 종류

① 단기 금융시장

   ㉠ **의미** : 단기자금의 수요자와 공급자사이에 존재하는 수급불균형 조절을 위해 통상 만기가 1년 이내인 금융상품이 거래되는 시장을 말한다.

   ㉡ **역할** : 금융기관의 가격변동 위험 및 신용위험을 줄여주는 역할을 한다.

   ㉢ **종류** : 콜시장, 기업어음시장, 양도성예금시장, 환매조건부채권매매시장, 통화안정증권 및 표지어음시장 등이 있다.

② 자본시장

   ㉠ **의미** : 장기자금조달 수단인 주식 및 만기 1년 이상의 채권이 거래되는 시장으로, 통상 증권시장의 의미로 사용된다.

ⓛ 종류 : 주식시장, 채권시장

- **발행시장**(primary market) : 주식이나 채권이 신규 발행되어 투자자에게 매출되는 모든 시장을 의미한다.
- **유통시장**(secondary market) : 이미 발행된 주식이나 채권이 매매되는 시장을 의미한다.

③ **외환시장**

ⓖ **의미** : 외환의 수요자와 공급자 사이에 외환거래가 정기적·지속적으로 이루어지는 시장을 말한다.

ⓛ **기능** : 이종 통화간의 교환비율인 환율을 매개로 외환의 수요와 공급을 조절하는 것이다.

ⓒ **외환거래의 유형** : 현물환거래, 선물환거래, 외환스왑거래

④ **파생금융상품시장**

ⓖ **의미** : 파생금융상품이란 그 가치가 통화, 채권, 주식 등 기초 금융자산의 가치변동에 의하여 결정되는 계약으로, 이러한 상품이 거래되는 시장을 말한다.

ⓛ **기능** : 금융시장 참여자에게 위험을 헤지(hedge)할 수 있는 기회를 제공하여 자신의 위험 선호도에 따라 자산을 구성하도록 촉진하는 기능을 갖는다.

ⓒ **시장의 구분**

- **장내시장** : 가격이외의 모든 요소가 표준화된 파생금융상품이 거래되는 시장(거래소시장)이다.
- **장외시장** : 표준화되지 못한 파생금융상품이 거래소를 통하지 않고 시장참여자 사이에 직접 거래되는 시장으로, OTC(Over-The-Counter)시장이라고도 한다.

〉〉 아담스미스(Adam Smith)의 절대우위론

① 절대우위란 다른 생산자에 비해 같은 상품을 더 적은 생산요소로 생산할 수 있는 능력을 말한다.

② 아담 스미스의 절대우위론은 자유무역의 근거를 최초로 제시한 것에 의의가 있다.

③ 절대우위론은 한 나라가 모두 절대우위 혹은 절대열위에 있는 경우에 무역이 발생하는 현상은 설명하지 못하는 단점이 있다.

Chapter 02

IT 기초지식

〉〉 테더링(tethering)

휴대폰의 부가기능 중 하나로, 블루투스(Bluetooth)·와이파이(Wi-Fi) 등을 통해 휴대폰이 모뎀으로 활용되어 노트북·PC·PDA 등의 IT기기들을 연결해 무선인터넷을 사용할 수 있는 기능을 말한다. 국내에서 무선인터넷을 사용하기 위해서 3G·와이브로·무선랜 등을 활용해야 하는데, 테더링 서비스는 3G(3세대 이동통신기술)를 통신망으로 활용한다. 이는 와이브로나 무선랜에 비해 휴대폰 통화권내에 있는 곳에서는 어디서나 인터넷 접속이 가능한 장점이 있으나 속도가 느리고, 전력소모가 크며, 가격이 비싸다는 단점이 있다.

〉〉 사물지능통신

'사람과 사물', '사물과 사물' 사이의 지능통신 서비스를 언제 어디서나 안전하고 편리하게 실시간 이용할 수 있는 미래 방송통신 융합 ICT인프라로의 진화를 의미한다. 사물통신은 사람이 직접 하기에 위험한 일이나 시간이 많이 소요되는 일 또는 보안을 위한 일 등을 기계가 대신한다는 장점이 있다. 사물통신의 적용분야로는 텔레매틱스, 운동, 내비게이션, 스마트 계량기, 자동판매기, 보안서비스 등이 있다.

〉〉 핵티비즘(hacktivism)

hacker와 activism의 합성어로 자신들의 정치적·사회적인 목적을 달성하기 위해 자신과 노선을 달리하는 특정 정부나 기관, 기업, 단체 등의 웹 사이트를 해킹해 서버를 무력화 시키는 일련의 행위나 활동방식을 말한다. 2000년 이후 급속도로 늘어나 전 세계에서 광범위하게 활동하고 있는데, 인터넷에 자신들의 주장과 요구사항을 게재하거나 특정국가의 인터넷사이트에 침범하여 자료를 삭제하는 등 투쟁대상을 조롱함으로써 심리적인 효과도 거둔다.

〉〉 우분투(Ubuntu)

우분투는 남아프리카 반투어(Bantu語)로 '네가 있으니 내가 있다'는 윤리 사상을 뜻하는 말이다. 해외 IT매체 PC World가 지난 2012년에 발표한 자료를 보면 우분투는 리눅스를 기반으로 한 운영체제 중 가장 인기 있는 운영체제이다. 우분투(Ubuntu)를 탑재한 스마트폰 '우분투 엣지'는 키보드와 모니터를 연결해 스마트폰을 PC처럼 사용할 수 있는 것이 장점으로, 단순히 이러한 기능만으로도 커다란 인기를 얻었다. 우분투의 가장 큰 특장점은 쉽게 사용할 수 있다는 것이다. 기존 리눅스 기반 운영체제는 일반인에게 '컴퓨터 전문가들이 쓰는 운영체제'라는 인식이 강하지만, 우분투는 복잡한 설치과정이나 명령어를 몰라도 쉽게 사용할 수 있다. 우분투는 기본적으로 전 세계 다양한 언어를 지원하며, 컴퓨터 사양이 높지 않아도 구동할 수 있다.

〉〉 샌드박스

샌드박스는 지능형지속가능위협(APT) 공격과 같이 잘 알려지지 않은 악성코드를 통한 공격을 방지하는데 사용되는 보안 기술로, 사용자 PC와 똑같은 가상 환경을 만들어 새로 유입된 파일이 여기에서 실제로 어떻게 실행되는지 미리 시뮬레이션 할 수 있게 해준다. 애플은 앱 스토어에 애플리케이션을 등록하기 전에 샌드박스 과정을 거친다. 원래 나무나 플라스틱으로 만들어진 공간에 모래를 담아 아이들이 놀 수 있는 모래사장을 뜻하는 '샌드박스'는, 게임에서는 특정한 목표가 없거나, 목표가 존재하더라도 그 목표를 최대한으로 줄여 사용자가 하고 싶은 대로 놀 수 있게 하는 자유도가 높은 게임을 의미한다.

〉〉 APT

APT(Advanced Persistent Threat)에 대응하기 위한 기술 중의 하나가 앞서 말한 샌드박스이다. APT란 특정 기업이나 조직 네트워크를 해커가 다양한 보안 위협들을 만들어 지속해서 공격하는 행위다. 과거에는 불특정 다수를 상대로 한 무작위 공격이 주를 이뤘지만, 최근에는 조직적인 해커들이 협업을 통해 보안 취약점을 발견하고 한 곳을 지속해서 공격하는 방식이 주를 이룬다. 현재 APT를 완벽하게 차단하는 방법은 없으므로 개개인의 주의가 필요하다. 백신이나 보안 제품의 실시간 감시를 켜놓고, 항상 최신 버전으로 업데이트해야 한다. 특히, APT 공격 대부분은 이메일을 통해 들어오므로, 스팸메일을 차단설정하는 것이 좋다.

〉〉 액세스 토큰(access token)

사용자나 그룹을 위한 인증 정보를 포함한 데이터 구조로, 시스템은 액세스 토큰을 사용하여 안전한 개체에 대한 액세스를 통제하고 로컬 컴퓨터상의 다양한 시스템 관련 운영 작업을 수행하는 사용자의 능력을 제어한다.

〉〉 안티 바이러스 소프트웨어(antivirus software)

이미 알려진 바이러스에 대한 바이러스 검사와 그에 대한 방어를 위해 고안된 소프트웨어를 말한다.

〉〉 권한 부여

네트워크상의 원격 컴퓨터의 경우에 시스템과 이에 저장된 데이터를 사용할 수 있도록 개인이나 프로세스에 허용된 권한으로 일반적으로 시스템 관리자가 인증을 설정하고 코드 번호나 암호와 같은 형태로 확인한다.

〉〉 버퍼 오버런(buffer overrun)

버퍼에 실제 수용량보다 더 많은 정보를 추가함으로써 생기는 현상으로, 이 점을 악용하여 시스템을 중단시키는 경우가 발생하기도 한다.

〉〉 클릭스트림 데이터 (clickstream data)

사용자가 페이지 사이를 이동하며 웹 사이트 내용을 클릭할 때 생성되는 정보로 주로 로그 파일에 저장된다.

〉〉 쿠키(cooki)

웹 사이트와 관련된 사용자에 대한 정보가 담긴 작은 데이터 파일로 각종 기록 보관을 목적으로 하며 사용자의 로컬 컴퓨터상에 저장된다.

〉〉 자격 증명

로컬 및 네트워크 리소스에 대한 액세스를 확보하는데 사용되는 ID 및 ID 증명 사항으로, 사용자 이름과 암호, 스마트카드, 인증서 등이 해당한다.

〉〉 암호화

특정 수신자만이 데이터를 읽을 수 있도록 키를 사용하여 데이터를 전환하는 일종의 코드 사용 방식으로 기밀성과 데이터 무결성을 유지할 수 있다.

〉〉 서비스 거부 공격(DOS ; Denial Of Service)

웹 서버나 파일 서버 등의 네트워크 서비스에 엄청난 부하를 야기하거나 서비스를 중단시키기 위해 침입자가 수행하는 일종의 컴퓨터 공격을 말한다.

〉〉 디지털 서명

메시지와 함께 또는 별도로 전송되는 데이터로서 데이터 송신자와 메시지를 확인하고 인증하는데 사용되며, 해당 메시지가 변조되지 않았음을 보증하는 수단이다.

〉〉 방화벽(firewall)

보안 시스템을 제공하는 하드웨어와 소프트웨어의 조합으로, 주로 내부 네트워크나 인트라넷에 대한 인증되지 않은 액세스를 차단한다.

〉〉 핫픽스(hotfix)

제품상의 문제를 해결하는데 사용되는 하나 이상의 파일로 구성된 단일 누적 패키지로, 고객이 직면한 특정한 문제를 해결하기 위해 필요하다.

〉〉 CRA(Internet Content Rating Association)

인터넷상의 유해한 정보로부터 아이들을 보호하는 것을 목적으로 인터넷을 위한 콘텐츠 자문 서비스를 개발한 비영리 기구

〉〉 전자 메일 폭탄(mail bomb)

특정 사용자의 전자 메일 프로그램을 마비시키거나 다른 메시지의 수신을 방해하기 위해 해당 사용자의 전자 메일 주소로 엄청난 양의 전자 메일 데이터를 전송하는 일을 말한다.

>> 메시지 인증 코드(MAC ; Message Authentication Code)

데이터 수신자가 해당 데이터가 수신 시작부터 완료 시점까지 무결성을 유지하고 있는지 확인할 수 있도록 지원하는 알고리즘이다.

>> 부인 방지

컴퓨터상에서 수행한 작업들에 대하여 수행자를 확인할 수 있게 함으로써 자신들이 수행한 작업에 대한 책임을 부인할 수 없게 하는 기능으로, 주로 상업적인 작업이나 악의적인 행동의 출처를 파악할 때 이용된다.

>> 패칭(patching)

파일의 일부가 변경되었을 때 이를 대체하는 파일 업데이트 방식이다.

>> PIN(personal identification number)

인증된 사용자에게 고유하게 할당된 액세스 코드 번호를 말한다.

>> P3P(Platform for Privacy Preferences Project)

World Wide Web Consortium이 개발·관리하는 개방형 개인 정보 보호 세부 항목으로, 사람들이 다양한 정보를 바탕으로 웹 사이트와 개인 정보를 공유하는 방식을 결정할 수 있게 돕는다.

>> 프록시 서버(proxy server)

LAN을 오가는 인터넷 트래픽을 관리하고 문서 캐싱 또는 액세스 제어 등의 기능을 제공하는 방화벽 구성 요소이다.

>> 원격 프로시저 호출(RPC ; Remote Procedure Call)

클라이언트와 서버 어플리케이션이 클라이언트에서 서버로 전송된 기능 호출을 통해 서로 통신할 수 있게 해주는 통신 메커니즘을 말한다.

〉〉 세이프 하버(Safe Harbor) 원칙

미국과 EU 간의 개인 신상 정보 전송에 관해 양측이 합의한 7가지 원칙으로, 알림, 선택권, 액세스, 제3자 정보 제공, 보안, 데이터 무결성 규약 등이다.

〉〉 SSL(Secure Sockets Layer)

월드 와이드 웹이나 기타 인터넷 서비스상에서 신용카드 정보와 같은 중요 정보가 가로채이지 않도록 암호화된 통신 채널을 구축하기 위한 프로토콜이다.

〉〉 서비스 팩(service pack)

제품 발표 이후 내부적으로 발견한 결함에 대한 픽스 및 보안 업데이트, 중요 업데이트 등이 누적된 것이다.

〉〉 전송 계층 보안(TLS ; Transport Layer Security)

네트워크를 통해 통신하는 애플리케이션 간에 통신 보호와 보안을 제공하는 프로토콜로, 클라이언트들이 서버를 인증할 수 있도록 돕는 역할을 한다.

〉〉 TRUSTe

유효한 웹 사이트를 인증하고 이 웹 사이트에서 기본 프라이버시 표준을 준수하도록 권장하는 기관으로, 프라이버시 논쟁 및 해결에 있어서 중요한 역할을 한다.

〉〉 웜(worm)

바이러스의 일종으로, 별다른 사용자의 개입 없이 확산되며 네트워크상에 자신의 복제를 퍼뜨리기도 한다. 웜은 메모리나 네트워크 대역폭을 소모하여 사용자의 컴퓨터 응답을 중단시킨다.

〉〉 랜섬웨어(ransomeware)

악성코드(malware)의 일종으로, 몸값을 뜻하는 ransome과 제품을 뜻하는 ware의 합성어이다. 인터넷 사용자의 컴퓨터에 잠입해 내부 문서나 사진 파일 등을 암호화하여 열지 못하도록 한 뒤, 돈을 보내면 해독용 열쇠 프로그램을 전송해준다며 비트코인이나 금품을 요구한다.

면접

면접에 꼭 필요한 내용 및 주요 금융권 면접기출을 수록하여 취업의 마지막 관문까지
완벽하게 대비할 수 있도록 하였습니다.

PART

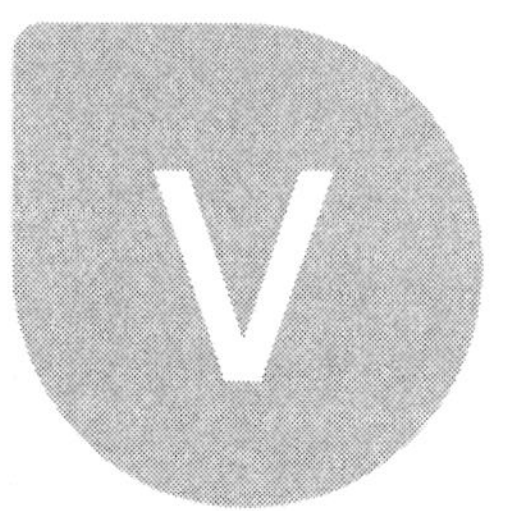

면접

Chapter 01

면접의 기본

1 면접의 종류와 의의

(1) 개인 면접

① 개념 … 가장 보편적인 면접의 형태로 면접관 한 명이 지원자 한 명과 개별적으로 질의응답하는 형태와 면접관 여러 명이 지원자 한 명에게 질문하는 형태가 있다.

② 특징 … 주로 간단한 자기소개 및 지원동기, 직업관, 성격 등을 파악하는 과정으로 지원자는 미리 예상질문과 간결한 답변을 준비하는 것이 좋으나 천편일률적인 답변이 되지 않도록 주의하여야 한다.

(2) 집단 면접

① 개념 … 면접관 여러 명이 여러 명의 지원자를 동시에 평가하는 형태이다.

② 특징 … 주로 한 명의 면접관이 모든 응시자에게 하나의 질문을 하는 경우가 많다. 신중하면서도 개성있는 답변을 하는 것이 좋으며, 자신의 주장만을 강하게 내세우거나, 발언기회를 놓치거나 한눈을 팔아서는 안된다. 의견을 이야기할 때에는 면접관 한 명이 아닌 모든 면접관에게 성실하게 답변하고 있다는 느낌을 주도록 해야 한다.

(3) 집단토론 면접

① 개념 … 여러 명의 지원자를 하나의 조로 편성한 후 토론과제를 주고 그 안에서 뛰어난 인재를 발탁하는 형태로 전체 속에서 개인의 리더십, 설득력, 협동성, 상황판단력 등을 평가한다.

② 특징 … 집단 속에서 자신의 의견을 논리적으로 펼치면서 너무 흥분하여 과격해지거나 반대로 위축되는 일이 없어야 하며 자신이 돋보이기 위해 타 지원자에게 면박을 주는 것은 바람직하지 못한 행동이다.

(4) 프레젠테이션 면접

① **개념** … 실무자 중심으로 면접관을 구성한 후 지원자들이 동일한 주제에 대해 찬반토론하는 대신 주어진 여러 가지 주제 중 자신 있는 것을 골라 자신의 주장을 펼치는 형식으로 최근에 많이 채택되고 있다.

② **특징** … 우선 설득할 대상과 면접관의 요구사항을 제대로 파악한다. 자신이 주제를 선택하는 것이므로 내용이 빈약하거나 추상적이어서는 안 된다.

2 면접의 평가기준

(1) 외모에 의한 평가

면접관의 대부분이 첫인상에 영향을 받는다고 대답할 만큼 외모에 의한 평가는 중요하다. 그러나 무조건 비싼 옷이나 화려한 화장으로 치장한 겉모습이 아니라 주로 신체의 건강상태, 올바른 자세, 웃는 얼굴 등의 호감을 줄 수 있는 요소가 중시된다.

(2) 질의응답에 의한 평가

① **상황판단능력** … 면접관은 지원자에게 질문함으로써 그 질문을 얼마나 잘 이해하고 그 문제에 대하여 신속하고 정확한 판단을 내리는가를 살피게 된다. 또한 지원자의 답변이 논리정연하고 간단명료한가, 언어 사용은 적절한가 등을 파악한다.

② **직무수행능력** … 업계나 직종에 대한 지식 정도를 파악하여 회사의 신입사원으로서 업무를 잘 수행하고 적응할 수 있는가를 파악한다.

③ **가치관** … 지원자에게 신념이나 존경하는 사람 등을 물음으로써 그 사람이 얼마나 성실한 사람인가, 사회를 보는 시각은 어떠한가 등을 파악한다.

(3) 접수서류에 의한 평가

서류심사에 활용되는 것은 주로 이력서, 자기소개서, 입사지원서 등으로 여기에 기재된 사실을 가지고 평가하며 또한 면접의 기초 자료로 활용되므로 작성할 때에는 절대 거짓이 없어야 하며 모순점이 발견되어서도 안 된다. 성격을 쓸 때에는 추상적으로 부지런하다 등으로 쓰지 말고 예를 들어서 설명하는 것이 좋다. 인사담당자는 이러한 서류를 통해서 지원자가 자기 자신을 얼마나 객관적으로 판단하고 있는지를 확인한다.

질문1　**1차 면접, 2차 면접의 질문이 같다면 대답도 똑같아야 하나요?**

면접관의 질문이 같다면 일부러 대답을 바꿀 필요는 없다. 1차와 2차의 면접관이 다르다면 더욱 그러하며 면접관이 같더라도 완전히 다른 대답보다는 대답의 방향을 조금 바꾸거나, 예전의 질문에서 더욱 구체적으로 파고드는 대답이 좋다.

질문2　**제조회사의 면접시험에서 지금 사용하고 있는 물건이 어느 회사의 제품인지를 물었을 때, 경쟁회사의 제품을 말해도 괜찮을까요?**

타사 특히 경쟁사의 제품을 거론하는 것을 좋아할 만한 면접관은 한 명도 없다. 그러나 그 제품의 장·단점까지 분석할 수 있고 논리적인 설명이 가능하다면 경쟁회사의 제품을 거론해도 무방하다. 만약 면접을 보는 회사의 제품을 거론할 때 장·단점을 설명하지 못하면, 감점요인은 아니지만 좋은 점수를 받기는 힘들다.

질문3　**면접관이 '대답을 미리 준비했군요'라는 말을 하면 어떻게 해야 할까요?**

외워서 답변하는 경우에는 면접관의 눈을 똑바로 보고 말하기가 힘들며 잊어버리기 전에 말하고자 하여 말의 속도가 빨라진다. 면접에서는 정답이 표면적으로 드러나 있는 질문보다는 지원자의 생각을 묻는 질문이 많으므로 면접관의 질문을 새겨듣고 요구하는 바를 파악한 후 천천히 대답한다.

질문4　**부모님의 직업이 나와 무슨 관계가 있습니까?**

이는 면접관이 지원자의 부모님 직업이 궁금해서 묻는 것이 아니다. 이 대답을 통해서 지원자가 자식으로서 부모님을 얼마나 이해하고 있는가와 함께 사회인으로서 다른 직장인을 얼마나 이해하고 포용할 수 있는가를 확인하는 것이다. 부모님의 직업만을 이야기하지 말고 그에 따른 자신의 생각을 밝히는 것이 좋다.

질문5　**집단면접에서 면접관이 저에게 아무런 질문도 하지 않았습니다. 그 이유는 무엇인가요?**

이력서와 자기소개서는 면접의 기본이 되며 이력서의 내용이 평범하거나 너무 포괄적이라면 면접관은 지원자에게 궁금증이 생기지 않을 수도 있다. 그러므로 이력서는 구체적이면서 개성적으로 자신을 잘 드러낼 수 있는 내용을 강조해서 작성하는 것이 중요하다.

 면접관에게 좋은 인상을 남기기 위해서는 어떻게 하는 것이 좋을까요?

면접관은 성실하고 진지한 지원자를 대할 경우 고개를 끄덕이거나 신중한 표정을 짓는다. 그러므로 지나치게 가벼워 보이거나 잘난 척하는 자세는 바람직하지 않다.

질문7 **질문에 대한 답변을 다 하지 못하였는데 면접관이 다음 질문으로 넘어가 버리면 어떻게 할까요?**

면접에서는 간단명료하게 자신의 의견을 일관성 있게 밝히는 것이 중요하다. 두괄식으로 주제를 먼저 제시하는데 서론이 길면 지루해져 다음 질문으로 넘어갈 수 있다.

질문8 **면접에서 실패한 경우에, 역전시킬 수 있는 방법이 있나요?**

지원자 스스로도 면접에서 실패했다고 느끼는 경우가 종종 있다. 이런 경우에는 당황하여 인사를 잊기도 하나 그 때 당황하지 말고 정중하게 인사를 하면 또 다른 인상을 심어줄 수 있다. 면접관은 당신이 면접실에 들어서는 순간부터 나가는 순간까지 당신을 지켜보고 있다는 사실을 기억해야 한다.

4 복장

면접에서는 무엇보다 첫인상이 중요하므로 지나치게 화려하거나 개성이 강한 스타일은 피하고 단정한 이미지를 심어주도록 한다. 면접 시 복장은 지원하는 기업의 사풍이나 지원분야에 따라 달라질 수 있으므로 미리 가서 성향을 파악하는 것도 도움이 된다.

(1) 남성

① 복장

ㄱ **양복** : 단색으로 하여 넥타이나 셔츠로 포인트를 주는 것이 효과적이며 색상은 감청색이 가장 품위있어 보인다.

ㄴ **셔츠** : 흰색을 가장 선호하나 자신의 피부색에 맞추는 것이 좋고 푸른색이나 베이지색은 산뜻한 느낌을 준다.

ㄷ **넥타이** : 남성이 복장에서 가장 포인트를 줄 수 있는 것으로 색과 폭까지 함께 고려하여 우람한 사람이 폭이 가는 넥타이를 매는 일이 없도록 한다.

② **주의사항** … 우리나라의 경우 여름에는 반팔셔츠를 입는 것도 무난하나 외국계 기업일 경우 이는 실례가 된다. 또한 양말을 신을 경우 흰색은 피한다.

(2) 여성

① 복장

　　㉠ 의상 : 단정한 스커트 정장이나 슬랙스수트 정장도 무난하며 블랙, 베이지나 그레이 계열이 적당하다.

　　㉡ 소품 : 핸드백, 스타킹, 구두 등은 같은 계열로 토탈코디하는 것이 좋으며 구두는 너무 높거나 낮은 굽은 피해 5cm 정도가 적당하다.

　　㉢ 액세서리 : 너무 크거나 화려한 것은 좋지 않으며, 많이 하는 것도 좋은 인상을 주지 못하므로 주의한다.

② 화장 … 자연스럽고 밝은 이미지를 표현하는 것이 좋으며 진한 화장은 인상이 강해보일 수 있으므로 피한다.

(3) 목소리

면접은 주로 면접관과 지원자의 대화로 이루어지므로 음성이 미치는 영향은 상당하다. 답변을 할 때 부드러우면서도 활기차고 생동감 있는 목소리는 상대방에게 호감을 줄 수 있으며 여기에 적당한 제스처가 더해진다면 상승효과를 줄 수 있다. 그러나 적절한 답변을 하였어도 콧소리나 날카로운 목소리는 답변의 신뢰성을 떨어뜨릴 수 있으며 불쾌감을 줄 수 있다.

(4) 사진

이력서용 사진의 경우 최근 3개월 이내에 찍은 증명사진이어야 하며 증명사진이 아닌 일반 사진을 오려서 붙이는 것은 예의가 아니다. 요즘 입사원서를 온라인으로 받는 경우가 많아졌는데 이때 주의할 것은 사진을 첨부하는 것이다. 이력서에 사진을 붙이는 것은 기본이며 붙이지 않을 경우 컴퓨터 사용능력이 부족한 것으로 판단될 수 있으므로 꼭 확인하자.

5 면접의 대비

(1) 면접대비사항

① 지원회사에 대한 사전지식을 습득한다 … 필기시험에 합격하거나 서류전형을 통과하면 보통 합격 통지 이후 면접시험 날짜가 정해진다. 이때 지원자는 면접시험을 대비해 본인이 지원한 계열사 또는 부서에 대해 다음과 같은 사항 정도는 알고 있는 것이 좋다.

    ㉠ 회사의 연혁

    ㉡ 회장 또는 사장의 이름, 출신학교, 전공과목 등

    ㉢ 회사에서 요구하는 신입사원의 인재상

    ㉣ 회사의 사훈, 비전, 경영이념, 창업정신

    ㉤ 회사의 대표적 상품과 그 특색

    ㉥ 업종별 계열 회사의 수

    ㉦ 해외 지사의 수와 그 위치

    ㉧ 신제품에 대한 기획 여부

    ㉨ 지원자가 평가할 수 있는 회사의 장·단점

    ㉩ 회사의 잠재적 능력 개발에 대한 각종 평가

② 충분한 수면을 취해 몸의 상태를 최상으로 유지한다 … 면접 전날에는 긴장하거나 준비가 미흡한 것 같아 잠을 설치게 된다. 이렇게 잠을 잘 자지 못하면 다음날 일어났을 때 피곤함을 느끼게 되고 몸 상태도 악화된다. 게다가 잠을 못 잘 경우 얼굴이 부스스하거나 목소리에 영향을 미칠 수 있으며 자신도 모르게 멍한 표정을 지을 수도 있다.

③ 아침에 정보를 확인한다 … 아침에 일어나서 뉴스 등을 유의해서 보고 자신의 생각을 정리해 두는 것이 좋다. 또한 면접일과 인접해 있는 국경일이나 행사 등이 있다면 그에 따른 생각을 정리해 두면 좋다.

(2) 면접 시 유의사항

① 첫인상이 중요하다 … 면접에서는 처음 1~2분 동안에 당락의 70% 정도가 결정될 정도로 첫인상이 중요하다고 한다. 그러므로 지원자는 자신감과 의지, 재능 등을 보여주어야 한다. 그리고 면접자와 눈을 맞추고 그가 설명을 하거나 말을 하면 적절한 반응을 보여준다.

② 절대 지각해서는 안 된다 … 우선 면접장소가 결정되면 교통편과 소요시간을 확인하고 가능하다면 미리 방문해보는 것도 좋다. 당일날에는 서둘러서 출발하여 면접 시간 10~15분 일찍 도착하여 회사를 둘러보고 환경에 익숙해지는 것이 좋다.

③ 면접대기시간의 행동도 평가된다 … 지원자들은 대부분 면접실에서만 평가받는다고 생각하나 절대 그렇지 않다. 면접진행자는 대부분 인사실무자이며 당락에 영향을 준다. 짧은 시간 동안 사람을 판단하는 것은 힘든 일이라 면접자는 지원자에 대한 평가의 확신을 위해 타인의 의견을 듣고자 한다. 이때 면접진행자의 의견을 참고하므로 면접대기시간에도 행동과 말을 조심해야 한다. 또한 면접을 마치고 돌아가는 그 순간까지도 행동과 말에 유의하여야 한다. 황당한 질문에 답변은 잘 했으나 복도에 나와서 흐트러진 모습을 보이거나 욕설을 하는 것도 다 평가되므로 주의한다.

④ **입실한 후에는 공손한 태도를 취한다**

  ㉠ 본인 차례가 되어 호명되면 대답을 또렷하게 하고 들어간다. 만약 문이 닫혀 있다면 상대에게 소리가 들릴 수 있을 정도로 노크를 두 번 한 후 대답을 듣고 나서 들어간다.

  ㉡ 문을 여닫을 때에는 소리가 나지 않게 조용히하며 공손한 자세로 인사한 후 성명과 수험번호를 말하고 면접관의 지시에 따라 자리에 앉는다. 이 경우 자리에 착석하라는 말이 없는데 의자에 앉으면 무례한 사람처럼 보일 수 있으므로 주의한다.

  ㉢ 의자에 앉을 때는 끝에 걸터 앉지 말고 안쪽으로 깊숙이 앉아 무릎 위에 양손을 가지런히 얹는 것이 좋다.

⑤ **대답하기 난해한 개방형 질문도 반드시 답변을 해야 한다**

  ㉠ 면접관의 질문에는 예, 아니오로 답할 수 있는 단답형도 있으나, 정답이 없는 개방형 질문이 있을 수 있다. 단답형 질문의 경우에는 간단명료하면서도 그렇게 생각하는 이유를 밝혀주는 것이 좋다. 개방형 질문은 평소에 충분히 생각하지 못했던 내용이라면 답변을 하기 힘들 수도 있다. 하지만 반드시 답변을 해야 된다. 자신의 생각이나 입장을 밝히지 않을 경우 소신이 없거나 혹은 분명한 입장이나 가치를 가지고 있지 않은 사람으로 비쳐질 수 있다. 답변이 바로 떠오르지 않는다면, "잠시 생각을 정리할 시간을 주시겠습니까?"하고 요청을 해도 괜찮다.

  ㉡ 평소에 잘 알고 있는 문제라면 답변을 잘 할 수 있을 것이다. 그러나 이런 경우 주의할 것은 면접자와 가치 논쟁을 할 필요가 없다는 것이다. 정답이 정해져 있지 않은 경우에는 가치관이나 성장배경에 따라 문제를 받아들이는 태도에서 답변까지 충분히 차이가 있을 수 있다. 그런데 그것을 굳이 지적하여 고치려 드는 것은 좋지 않다.

⑥ **답변은 자신감과 의지가 드러나게 한다** … 면접을 하다 보면 미래를 예측해야 하는 질문이 있다. 이때에는 너무 많은 상황을 고려하지 말고, 자신감 있는 내용으로 긍정문으로 답변하는 것이 좋다.

⑦ **자신의 장·단점을 잘 알고 있어야 한다** … 면접을 하다 보면 나에 대해서 부정적인 말을 해야 될 경우가 있다. 이때에는 자신의 약점을 솔직하게 말하되 너무 자신을 비하하지 말아야 한다. 그리고 가능한 단점은 짧게 말하고 뒤이어 장점을 말하는 것이 좋다.

⑧ **대답은 항상 정직해야 된다** … 면접이라는 것이 아무리 본인의 장점을 부각시키고 단점을 축소시키는 것이라고 해도 절대로 거짓말을 해서는 안 된다. 거짓말을 하게 되면 지원자는 불안하거나 꺼림칙한 마음이 남아 있어 면접에 집중하지 못하게 되고 면접관을 그것을 놓치지 않는다. 거짓말은 그 사람에 대한 신뢰성을 떨어뜨리며 이로 인해 다른 조건이 좋다 하더라도 탈락할 수 있다.

⑨ **지원동기에는 가치관이 반영되어야 한다** … 면접에서 거의 항상 물어보는 질문은 지원동기에 관한 것이다. 어떤 응시자들은 이 질문을 대수롭지 않게 여기거나 **중요한 것은 알지만** 적당한 내용을 찾지 못해 추상적으로 답변하는 경우가 많다. 이런 경우 면접관들은 응시자의 생각을 알 수 없거나 성의가 없다고 생각하기 쉬우므로 그 내용 안에 자신의 가치관이 내포되도록 답변한다. 이러한 답변은 면접관에게 응시자가 직업을 통해 자신의 가치관을 실현하기 위한 과정이라는 인상을 주게 되므로 적극적인 삶의 자세를 볼 수 있게 한다.

⑩ **경력직일 경우 전의 직장에 대한 험담은 하지 않는다** … 응시자에게 이전 직장에서 무슨 일이 있었는지, 그곳 상사들이 어땠는지 등은 그다지 면접관이 궁금해 하는 사항이 아니다. 전 직장에 대해 험담을 늘어놓는다든가, 동료와 상사들에 대한 악담을 하게 된다면 오히려 부정적인 이미지를 심어 줄 수 있다. 만약 전 직장에 대한 말을 할 필요성이 있다면 가능한 객관적으로 이야기하는 것이 좋다.

⑪ **대답 시 유의사항**

 ㉠ 질문이 주어지자마자 답변하는 것은 미리 예상한 답을 잊어버리기 전에 말하고자 하는 것으로 오인될 수 있으며, 침착하지 못하고 즉흥적으로 비춰지기 쉽다.

 ㉡ 질문에 대한 답변을 할 때에는 면접관과의 거리를 생각해서 너무 작게 하는 것은 좋지 않으나 큰 소리로 이야기하면 면접관이 부담을 느끼게 된다. 자신있는 답변이라고 해서 너무 빠르게 많이 말하지 않아야 하며, 자신의 답변이 적당하지 못했다고 느꼈을 경우 머리를 만지거나 혀를 내미는 등의 행동은 좋지 못하다. 그리고 정해진 납변 외에 직질하지 않은 농담은 경망스러워 보이거나 취업에 열의가 없어 보이기도 한다.

 ㉢ 가장 중요한 것은 올바른 언어의 구사이다. 존대어와 겸양어를 혼동하기도 하고 채팅어를 자기도 모르게 사용하기도 하는데 이는 면접 실패의 원인이 될 수 있다.

⑫ **옷매무새를 자주 고치지 마라** … 여성들의 경우 이러한 모습이 특히 두드러지는데 외모에 너무 신경을 쓰거나 너무 긴장하여 머리를 계속 쓸어 올리거나 치마 끝을 만지작거리는 경우가 있다. 특히 너무 짧은 치마를 입고서 치마를 끌어 내리는 행동은 좋지 못하다.

⑬ **다리를 떨거나 산만한 시선은 금물이다**

 ㉠ 자신도 모르게 다리를 떨거나 손가락을 만지는 등의 행동을 하는 사람들이 많다. 이는 면접관의 주의를 끌 뿐만 아니라 불안하고 산만한 사람이라는 느낌을 주게 된다.

 ㉡ 면접관과 시선을 맞추지 못하고 여기저기 둘러보는 듯한 산만한 시선은 거짓말을 하고 있다고 여기거나 신뢰성이 떨어진다고 생각하기 쉽다.

⑭ **질문의 기회를 활용하자** ⋯ 면접관이 "면접을 마치겠네." 혹은 "면접과는 상관없는 것인데⋯" 하면서 질문을 유도하기도 한다. 이 경우 면접관이 하는 말은 지원자를 안심시켜 마음을 알고자 하는 것으로 거기에 넘어가서는 안 된다. "물어볼 것이 있나?"라는 말은 '우리 회사에서 가장 관심이 있는 것이 무엇이냐'라는 말과 같은 의미이므로 유급휴가나 복리후생에 관한 질문 등을 하게 되면 일보다는 휴가에 관심이 많은 사람이라는 인식을 주게 된다. 이런 내용들은 다른 정보망을 활용하여 미리 파악해 두는 것이 좋으며 업무에 관련된 질문으로 하고자 하는 일의 예를 들면서 합격 시에 하는 일을 구체적으로 설명해 달라고 하거나 업무를 더욱 잘 수행하기 위해서 필요한 능력 등을 물어보는 것이 좋다.

6 자기소개 시 유의사항

면접에서 빠지지 않는 것이 자기소개를 간단히 해보라는 것이다. 이럴 때 꼭 해야 할 말은 무엇이며 피해야 할 말은 무엇인가? 면접관의 모든 질문이 그러하듯 이 질문에 숨겨진 의도만 알아낸다면 쉽게 풀어 갈 수 있다. 자기소개라는 것은 매우 추상적이며 넓은 의미를 포괄한다. 자신의 이름에 얽힌 사연이나 어릴 적의 추억, 고향, 혈액형 등 지원자에 관한 일이라면 모두 자기소개가 될 수 있다. 그러나 이는 면접관이 원하는 대답이 아니다. 면접관은 지원자의 신상명세를 알고 싶은 것이 아니라 지원자가 지금껏 해온 일을 통해 그 사람 됨됨이를 알고자 하는 것이기 때문이다.

(1) 자신의 집안에 대해 자랑하는 사람

자신의 부모나 형제 등 집안사람들이 사회·경제적으로 어떠한 위치에 있는 지를 서술하는 유형으로 자신도 대단한 사람이라는 것을 강조하고 싶은 것일지 모르나 면접관에게는 의존적이며 나약한 사람으로 비춰지기 쉽다.

(2) 대답을 하지 못하는 사람

면접관의 질문에는 난이도가 있어서 대답하기 힘든 문제도 분명 있을 것이다. 그러나 이는 어려운 것이지 난처한 문제는 아니다. 그러나 면접관이 당신에게 지금까지 무슨 일을 해왔습니까? 라고 묻는다면 바로 대답을 하지 못하고 머뭇거리게 될 것이다. 평소에 끊임없이 이런 질문을 스스로 던져 자신이 원하는 것을 파악하고 직업도 관련된 쪽으로 구하고자 하면 막힘없이 대답할 수 있을 것이다.

(3) 자신이 한 일에 대해서 너무 자세하게 이야기하는 사람

면접은 필기시험과 마찬가지로 시간이 정해져 있고 그 시간을 효율적으로 활용하여 자신을 내보이는 것이다. 그러나 이러한 사람들은 그것은 생각하지 않고 적당하지 않은 말까지 많이 하여 시간이 부족하다고 하는 사람들이다. 이들은 자신이 한 일을 열거하면서 모든 일에 열의가 있는 사람이라고 생각해주길 바라지만 단순 나열일 뿐 면접관들에게 강한 인상을 남기지 못한다.

(4) 너무 오래된 추억을 이야기하는 사람

면접에서 초등학교 시절의 이야기를 하는 사람은 어떻게 비춰질까? 그 이야기가 지금까지도 영향을 미치고 있다면 괜찮지만 단순히 일회성으로 그친다면 너무 동떨어진 이야기가 된다. 가능하면 최근의 이야기를 하는 것이 강렬한 인상을 남길 수 있다.

Chapter 02

금융권 면접기출

1 국민은행

(1) 면접

① 진보와 보수를 경제학적인 입장에서 말해보시오.

② 다른 금융기관도 많은데 국민은행에 지원한 이유는 무엇인가?

③ 이 시대가 빠르게 변화하고 있다는 것을 체감했을 때는 언제이고 어떻게 했는가?

④ 남들이 시켜서 억지로 한 일이 있는가?

⑤ 공과금 수납 고객의 업무를 처리하는 도중에 중요한 거래처 직원이 방문했다면 어떻게 행동할 것인가?

⑥ 아르바이트하면서 인상 깊었던 손님이 있는가?

⑦ 평소 고객으로서 국민은행에 바라는 점은 무엇인가?

⑧ 자신의 장·단점에 대해 말해보시오.

⑨ 고객감동 실현을 위한 방법은 무엇인가?

⑩ 복지정책이 어떻게 운영되어야 한다고 생각하는가?

⑪ 녹색금융과 관련하여 금융상품을 제안하시오.

⑫ 분위기가 안 좋을 때 어떤 방식으로 분위기를 전환시킬 것인가?

⑬ PB가 되고 싶다고 했는데, KB에서 어떤 PB가 되고 싶은가?

⑭ 봉사활동을 많이 한 것 같은데, 그 중 가장 기억에 남는 것은 무엇인가?

⑮ 원래 은행원이 되고 싶은 게 아니라 갑자기 준비한 것 아닌가?

⑯ 가지고 있는 금융자격증이 있는가?

⑰ 금융권에 언제부터 관심이 있었는가?

⑱ 금리상승이 미치는 영향에 대해서 어떻게 생각하는가?

⑲ 인상 깊게 본 영화 중 은행과 관련된 영화가 있다면?

⑳ 아직 대학재학 중인데 졸업을 앞두고 꼭 하고 싶은 것은?

(2) 토론 면접

① 임금피크제에 대한 찬반

② 미국 금리인상에 대한 찬반

③ 휴대물품 면세 한도 상향에 대한 찬반

④ 직장 내에서의 메신저 사용에 대한 찬반

⑤ 대형마트 품목 규제에 대한 찬반

2 신한은행

(1) 면접

① 본인을 동물에 비유한다면 무엇에 비유하셨는가?

② 타행에서 근무한 적이 있다면 타행이 신한과 어떤 부분에서 다른지 말해보시오.

③ 신한이 왜 당신을 뽑아야 하는지를 설명해보시오.

④ 은행원이 가져야 할 품성은 무엇인가?

⑤ 신한은행 영업점을 방문해서 느꼈던 점이 무엇인가?

⑥ 은행관련 전공이 아닌데, 신한은행에 입행하기 위해 어떤 노력을 하였는가?

⑦ 다른 지원자들과 차별되는 자신만의 장점은 무엇인가?

⑧ 상사와의 갈등을 어떻게 해결할 것인가?

⑨ 희망지역이 아닌 다른 지점에 발령받으면 어떻게 할 것인가?

⑩ 졸업 후 어디에 구직활동을 하였는가?

⑪ 외국어로 자기소개 또는 본인을 택해야 하는 이유를 말해보시오.

(2) PT면접

① 신한은행의 IB전략을 제시하시오.

② 해외기업 고객 유치를 위한 마케팅 전략을 제시하시오.

③ 대면, 비대면 채널 강화를 위한 전략을 제시하시오.

④ 점심시간 고객들의 대기시간을 줄이기 위한 전략을 제시하시오.

⑤ 지점 두 개가 통합됐을 때, 고객이탈을 방지하기 위한 마케팅 전략을 제시하시오.

⑥ 녹색금융 마케팅 전략을 제시하시오.

(3) **토론면접**

① 키즈존에 대한 찬반

② 청년배당금 찬반

③ 고속도로 암행순찰 찬반

3 우리은행

(1) **면접**

① 조직을 이끌어본 경험이 있는가?

② 학교 생활 중 가장 기억에 남는 것은 무엇인가?

③ 우리은행에 들어오기 위해 어떤 노력을 하였는가?

④ 고객이 원하는 은행원의 자세는 무엇인가?

⑤ 고객이 잔돈을 안가지고 가버렸다면 어떻게 할 것인가?

⑥ 사람들과 친해지는 자신만의 노하우를 말해보시오.

⑦ 자산관리사가 되고 싶다고 했는데 PB가 무엇을 하는지 아는가?

⑧ 증권 PB와 은행 PB의 차이점에 대해 말해보시오.

⑨ 우리은행의 가치가 무엇인가?

⑩ 미소금융, 녹색금융상품 중 우리가 파는 상품에 대해 알고 있는가?

(2) PT면접

① 점심시간에 한번에 몰리는 고객 불만처리 방안을 제시하시오.

② 어떤 지점에 배치되었는데 우리 은행과 거래가 없는 기업과 새롭게 거래를 하고자 할 때 어떤 방법이 있는지 제시하시오.

③ 우리은행의 지속적 발전 방향을 제시하시오.

④ 성공적인 인적네트워크를 만드는 방법을 제시하시오.

⑤ 신입사원의 이직 비율을 낮추는 방안을 제시하시오.

⑥ 은행과 카드의 시너지 효과 방안을 제시하시오.

⑦ SNS를 활용한 홍보방안을 제시하시오.

4 하나은행

(1) 면접

① 하나은행을 어떻게 생각하는가? 입행한다면 목표가 무엇인가?

② 이전에 다른 경력이 있는데 언제부터 은행에 입사하려고 했는가?

③ 졸업 후에 공백이 있는데 무엇을 했는가?

④ 은행에서 가장 필요한 자질이 무엇인가?

⑤ 타 전공인데 왜 은행에 지원했는가?

⑥ 까다로운 고객에게 어떻게 대처할 것인가?

⑦ 입행 후 최종 목표가 무엇인가?

⑧ 하나은행에 대한 이미지 하면 떠오르는 것을 10초간 말해보시오.

⑨ 은행원이 주식을 하는 것에 대한 생각을 말해보시오.

⑩ MMF/서브프라임모기지/방카슈랑스/더블딥/BIS에 대해서 설명해보시오.

(2) PT면접

① 외환은행과 하나은행이 통합하였다. 이로 인한 고객 이탈을 막기 위한 방안에 대하여 말해보시오.

② 10억을 준다면 어떻게 활용할 것인지 자산 포트폴리오를 만들어보시오.

③ 기업이미지 제고 방안과 그것의 효과에 대하여 설명하시오.

④ 은행 신규 고객 유치방안을 제시해보시오.

⑤ 해외기업 고객 유치를 위한 마케팅 전략을 제시하시오.

⑥ (특정 지점의 상황을 주고) 이 지점의 활성화 방안에 대하여 말해보시오.

⑦ 멤버십의 활성화 방안에 대하여 말해보시오.

상식키우기

서원각과 함께하는 상식키우기!

▲ 공사공단 일반상식

▲ 시사일반상식

▲ MAC을 짚어 주는
시사일반상식

▼ 공사/시사 일반상식

정치·법률, 경제·경영, 사회·노동,
과학·기술, 지리·환경, 세계사·철학,
문학·한자, 매스컴, 문화·예술·스포츠
관련 상식을 중요한 것만 모아 수록하였다.

▲ 공기업/공공기관 채용
빈출 일반상식

▼ 공기업/공공기관 채용 시리즈

공기업과 공공기관 채용시험에 나올 법한 상식만을 모았다!
정치·법률, 경제·경영, 사회·노동, 과학·기술, 지리·환경,
세계사·철학, 문학·한자, 매스컴, 문화·예술·스포츠 관련 상식을
중요한 것만 모아 수록하였다. 또한 한국사의 기출유형문제를
정리하여 포함하였다.

빈출 일반상식 – 중요 시사상식 및 빈출용어 수록
간추린 일반상식 – 출제가 예상되는 문제와 해설 수록

▲ 경제용어사전

▲ 부동산용어사전

▼ 한눈에 쏙! 시리즈

경제용어사전 – 단기간에 완성하는 경제용어 및 금융상식
시사용어사전 – 시사용어 및 시사 상식을 한눈에 쏙
부동산용어사전 – 부동산과 관련된 핵심 용어를 쉽고 간결하게 정리